実務家に
必要な

刑事訴訟法 入門編

椎橋隆幸 **監修**

弁護士 　　　　　　裁判官 　　　　　　検察官
寺本吉男＋大野勝則＋山上秀明 **編著**

弘文堂

はしがき

　法律学はそれ自体知的好奇心を満足させるものであると同時にそれを活用することにより社会の進展に貢献しうるものである。法律学の一分野である刑事訴訟法は適正な手続により刑事事件の真相を解明し、解明された事実に関連する刑事法令を適用し、社会の安全を回復するための手続法である。刑事訴訟法を理解するためには、まず、その事案で何が問題になっているのか、また、その種の事案では従来どのような解決方法が採られているのかを具体的にイメージできることが重要である。多くの事案の解決方法の基底に共通する考え方を原理的に整理したものが刑事訴訟法の理論というものであろう。

　本書は刑事訴訟法の重要な問題点について、実務の現状と実務家の対応の仕方をわかりやすく解説すると同時に実務を規整する理論を説明したものである。同じ論点（問題）を立場の違う法曹三者が論じることにより結果的にバランスのとれた客観的な全体像がみえてくることを狙いとしている。問題がどこにあるかを発見し、それをいかに解決するかを思考する過程で手続全体を整合的に説明できる理論を体得し刑事訴訟法の理解がさらに深まるのである。

　法学部・法科大学院での単位取得後、あえていえば司法試験合格後でも学ぶべきことはなお多くある。科学技術の発達等に伴う犯罪現象の変化に対応するために法律家は一生勉強を続けなければならない。なるべくわかりやすく、楽しみながら刑事訴訟法を学んだ結果、自然と実力が向上していれば本書の狙いは達成されることになる。

　なお、このユニークな企画は寺本吉男弁護士を中心とした実務家の発案によるものである。

　最後に全ての執筆者と弘文堂の北川陽子氏に感謝申し上げたい。

　＊各項目の末尾に執筆者が記載されていないものは、編著者が執筆したものである。

　　平成 30 年 5 月

中央大学名誉教授・弁護士

椎橋 隆幸

●監修者・編著者・執筆者一覧

監修者　　椎橋隆幸　　中央大学名誉教授・弁護士

編著者　　寺本吉男　　弁護士
　　　　　大野勝則　　東京地方裁判所所長代行
　　　　　山上秀明　　東京地方検察庁次席検事

執筆者　　柳川重規　　中央大学教授
　　　　　安井哲章　　中央大学教授
　　　　　石島正貴　　検察官
　　　　　塩野谷高　　検察官
　　　　　熊澤貴士　　検察官
　　　　　玉越庄吾　　検察官
　　　　　南　智樹　　検察官
　　　　　中村功一　　検察官
　　　　　石井壯治　　検察官
　　　　　山口聡也　　検察官
　　　　　乙部竜夫　　検察官
　　　　　木下武彦　　検察官
　　　　　望月栄里子　検察官
　　　　　岡本貴幸　　検察官
　　　　　金井洋明　　検察官
　　　　　青木朝子　　検察官
　　　　　古賀由紀子　検察官
　　　　　髙　長伯　　検察官
　　　　　石川　剛　　弁護士
　　　　　三浦繁樹　　弁護士
　　　　　森岡かおり　弁護士
　　　　　大槻展子　　弁護士
　　　　　山村行弘　　弁護士
　　　　　井口賢人　　弁護士

実務家に必要な刑事訴訟法―入門編―　◎目次◎

はしがき　　i
監修者・編著者・執筆者一覧　　ii

Ⅰ 刑事訴訟法とは何か ……………………………………… 2

Ⅰ-1　手続の流れを理解しよう…………4
　　ワンポイントアドバイス❶学生の頃の勉強…………6

Ⅰ-2　憲法と刑事訴訟法
　　　―被疑者・被告人の基本的人権をおさらいしよう…………7
　　ワンポイントアドバイス❷刑事実務と憲法…………8

Ⅰ-3　刑法と刑事訴訟法…………9

Ⅰ-4　適正手続の保障とは何か…………10

Ⅰ-5　刑事裁判に関わる機関とその役割…………11
　Ⅰ-5-(1)　警察は、捜査の主役である…………12
　Ⅰ-5-(2)　警察官の作成する文書は何?…………13
　Ⅰ-5-(3)　検察官は、刑事裁判で主導的役割を果たす…………15
　　　ワンポイントアドバイス❸検察官心得…………16
　Ⅰ-5-(4)　弁護人は、被疑者・被告人の権利を守る…………18
　　　ワンポイントアドバイス❹弁護士心得…………19
　　　ワンポイントアドバイス❺刑事訴訟法を知らなくても、刑事弁護ができる?
　　　　　…………20
　Ⅰ-5-(5)　裁判所・裁判官は、判断機関である…………21
　　　ワンポイントアドバイス❻裁判官心得…………22
　Ⅰ-5-(6)　裁判員は、国民の常識を裁判に反映させる…………24
　　　ワンポイントアドバイス❼裁判官の常識…………25
　Ⅰ-5-(7)　被害者参加は、被害者をより擁護する…………26

Ⅱ 捜査とは何か ……………………………………… 27

Ⅱ-1　捜査事例…………29
　Ⅱ-1-(1)　殺人事件―事例解説…………30
　Ⅱ-1-(2)　覚せい剤事件―事例解説…………32

Ⅱ-1-(3)　過失運転致死等事件—事例解説⋯⋯⋯34

Ⅱ-2　任意捜査の原則と強制処分法定主義⋯⋯⋯36

Ⅱ-3　逮捕⋯⋯⋯37

Ⅱ-3-(1)　逮捕勾留の流れ⋯⋯⋯38

Ⅱ-3-(2)　逮捕の種類⋯⋯⋯40

Ⅱ-3-(3)　逮捕状請求のポイント⋯⋯⋯41

Ⅱ-3-(4)　逮捕状の請求を却下することはあるか⋯⋯⋯42

Ⅱ-3-(5)　逮捕前の弁護活動⋯⋯⋯43

Ⅱ-4　勾留⋯⋯⋯44

Ⅱ-4-(1)　勾留請求における検察官の役割⋯⋯⋯45

Ⅱ-4-(2)　勾留請求回避のための弁護活動⋯⋯⋯46

Ⅱ-4-(3)　勾留決定における裁判官の視点⋯⋯⋯47

Ⅱ-4-(4)　勾留決定と犯罪類型⋯⋯⋯48

Ⅱ-4-(5)　勾留決定と前科⋯⋯⋯49

Ⅱ-4-(6)　勾留決定と身元引受人の存在⋯⋯⋯50

Ⅱ-4-(7)　勾留決定と被疑者の否認⋯⋯⋯51

Ⅱ-4-(8)　勾留決定回避のための弁護活動⋯⋯⋯52

　　ワンポイントアドバイス❽勾留決定回避に向けた弁護活動について、裁判官から一言⋯⋯⋯53

Ⅱ-4-(9)　勾留決定・却下を争う方法⋯⋯⋯54

Ⅱ-4-(10)　準抗告に対する裁判官の視点⋯⋯⋯55

Ⅱ-4-(11)　勾留延長決定回避の弁護活動⋯⋯⋯56

Ⅱ-4-(12)　勾留理由開示制度⋯⋯⋯57

Ⅱ-5　取調べと接見⋯⋯⋯58

Ⅱ-5-(1)　被疑者の権利⋯⋯⋯59

Ⅱ-5-(2)　黙秘する被疑者に対する取調べ⋯⋯⋯60

Ⅱ-5-(3)　否認する被疑者に対する取調べ⋯⋯⋯61

　　ワンポイントアドバイス❾取調べの極意—ある検事の独り言⋯⋯⋯63

Ⅱ-5-(4)　被疑事実を認めている被疑者との接見⋯⋯⋯64

Ⅱ-5-(5)　否認している被疑者との接見⋯⋯⋯65

　　ワンポイントアドバイス❿弁護人の真実義務と誠実義務の相克⋯⋯⋯66

Ⅱ-5-(6)　黙秘している被疑者との接見⋯⋯⋯67

Ⅱ-5-(7)　違法な取調べが推測される場合の接見⋯⋯⋯68

Ⅱ-5-(8)　被疑者からの要請に対する注意点⋯⋯⋯69

Ⅱ-5-(9)　接見の極意⋯⋯⋯70

ワンポイントアドバイス⓫接見禁止が付いていたので、被疑者との接見に行かなかった弁護士⋯⋯⋯71

II-6　録音・録画制度⋯⋯⋯72
II-6-(1)　取調べの録音・録画制度の問題点⋯⋯⋯73
II-6-(2)　検察官は録音・録画制度の導入にどう対応するか⋯⋯⋯74
II-6-(3)　弁護活動における録音・録画制度⋯⋯⋯75

III 公訴とは何か⋯⋯⋯⋯⋯⋯⋯⋯⋯⋯⋯⋯⋯⋯⋯⋯⋯⋯⋯ 76

III-1　起訴に関連する制度について⋯⋯⋯77

III-2　起訴・不起訴⋯⋯⋯78
III-2-(1)　起訴状作成のポイント⋯⋯⋯79
　ワンポイントアドバイス⓬起訴状から読み取る否認事件⋯⋯⋯80
III-2-(2)　否認事件の起訴のポイント⋯⋯⋯81
　ワンポイントアドバイス⓭告訴状の書き方⋯⋯⋯82
　ワンポイントアドバイス⓮詐欺罪の告訴状⋯⋯⋯83
III-2-(3)　起訴回避を目指す弁護活動（自白事件）⋯⋯⋯84
III-2-(4)　起訴回避を目指す弁護活動（否認事件）⋯⋯⋯85
　ワンポイントアドバイス⓯認定落ちの起訴に向けた弁護活動
　　　　　　　　　　　―例えば、殺意の否認⋯⋯⋯86
III-2-(5)　起訴回避を目指す弁護活動（違法捜査）⋯⋯⋯87
III-2-(6)　捜査・公判協力型協議・合意制度の運用指針⋯⋯⋯88

III-3　保釈⋯⋯⋯89
III-3-(1)　保釈の請求に関する留意点（自白事件）⋯⋯⋯90
III-3-(2)　保釈の請求に関する留意点（否認事件）⋯⋯⋯91
III-3-(3)　保釈請求のタイミングに関して考慮すべき点⋯⋯⋯92
III-3-(4)　保釈制度に関する外国人の誤解⋯⋯⋯93
III-3-(5)　検察官の保釈意見の基準⋯⋯⋯94
III-3-(6)　保釈請求に関する裁判官の着眼点⋯⋯⋯95
III-3-(7)　検察官の保釈意見に対する弁護人の対応⋯⋯⋯96
III-3-(8)　保釈に関する最近の傾向⋯⋯⋯97
III-3-(9)　保釈を許可しづらい事案とは⋯⋯⋯98
III-3-(10)　否認事件と自白事件での保釈の許否⋯⋯⋯99
III-3-(11)　弁護人の保釈面接の意義⋯⋯⋯100
III-3-(12)　保釈保証金の納付方法と裁判官の視点⋯⋯⋯101

目次　v

III-3-(13)　制限住居はどこに指定すべきであるか…………102
ワンポイントアドバイス⓰保釈に関する弁護人の不適切な活動…………103
ワンポイントアドバイス⓱報酬に関する弁護人の不適切な活動…………103

Ⅳ　公訴から第 1 回公判期日まで…………… 104

Ⅳ-1　事前準備…………105
Ⅳ-1-(1)　公判前整理手続の行われない事件の公判準備…………106
Ⅳ-1-(2)　公判前整理手続に付さずに打ち合わせで進めていく場合…………107
ワンポイントアドバイス⓲裁判官裁判と裁判員裁判の公判前整理手続の違い…………108

Ⅳ-2　公判前整理手続…………109
Ⅳ-2-(1)　公判前整理手続の流れ…………111
ワンポイントアドバイス⓳公判前整理手続と予断排除・起訴状一本主義との関係…………112
Ⅳ-2-(2)　公判前整理手続における検察官の準備…………113
Ⅳ-2-(3)　否認事件の公判前整理手続…………114
ワンポイントアドバイス⓴何を立証するか―殺意の否認を例として…………116
Ⅳ-2-(4)　憲法違反の主張と公判準備…………117
Ⅳ-2-(5)　弁護人が刑法の解釈を争った場合の公判準備…………118
Ⅳ-2-(6)　現在の公判前整理手続の問題点…………119
ワンポイントアドバイス㉑検察官の証明予定事実について、裁判官から一言…………120
Ⅳ-2-(7)　公判前整理手続における弁護人の準備…………121
ワンポイントアドバイス㉒弁護人が予定主張を明示するに際して、裁判官から一言…………122
Ⅳ-2-(8)　公判前整理手続における裁判所の役割…………123
Ⅳ-2-(9)　証拠整理に関する裁判官の視点…………124
Ⅳ-2-(10)　証拠の厳選…………125
ワンポイントアドバイス㉓弁護人の証拠意見・証拠調べ請求について、裁判官から一言…………126
Ⅳ-2-(11)　公判前整理手続終了後の証拠制限…………127

Ⅳ-3　争点整理…………128
Ⅳ-3-(1)　争点整理の例―量刑…………129
Ⅳ-3-(2)　争点整理の例―間接事実…………130

IV-3-(3) 争点整理の例―黙秘‥‥‥‥131

IV-4 裁判員裁判と公判前整理手続‥‥‥‥132

IV-4-(1) 裁判員裁判の公判前整理手続に特有の問題‥‥‥‥133

IV-4-(2) 統合捜査報告書はどのように作られるか‥‥‥‥134

IV-4-(3) 裁判員への説明のための心得‥‥‥‥136

IV-4-(4) いわゆる50条鑑定‥‥‥‥137

IV-4-(5) 評議で説明する法律概念‥‥‥‥138

IV-4-(6) 裁判員裁判の公判スケジュールはどのように立てるか
‥‥‥‥139

Ⅴ 公判とは何か‥‥‥‥‥‥‥‥‥‥‥‥‥‥‥‥‥‥ 140

V-1 公判手続‥‥‥‥142

V-1-(1) 公判手続の流れ―裁判官裁判‥‥‥‥143

V-1-(2) 公判手続の流れ―裁判員裁判‥‥‥‥145

V-1-(3) 無罪推定の原則‥‥‥‥146

V-1-(4) 審理の注意点（自白事件）‥‥‥‥147

V-1-(5) 審理の注意点（否認事件）‥‥‥‥148

V-1-(6) 審理の注意点（違法収集証拠）‥‥‥‥149

V-1-(7) 共犯事件の場合の審理についての注意点‥‥‥‥150

V-1-(8) 自白の任意性‥‥‥‥151

V-1-(9) 被害者参加制度と被告人側の弁護活動‥‥‥‥152

V-2 冒頭手続‥‥‥‥153

V-2-(1) 起訴状に対する求釈明‥‥‥‥154

V-2-(2) 打ち合わせと違う罪状認否‥‥‥‥155

V-3 証拠調べの流れ‥‥‥‥156

V-3-(1) 裁判官裁判における検察官の冒頭陳述‥‥‥‥158

V-3-(2) 裁判官裁判における弁護人の冒頭陳述‥‥‥‥159

V-3-(3) 裁判員裁判における検察官の冒頭陳述‥‥‥‥160

V-3-(4) 裁判員裁判における弁護人の冒頭陳述‥‥‥‥161

V-3-(5) 裁判員に理解しやすい冒頭陳述とは‥‥‥‥162

V-3-(6) 検察官からみた裁判官裁判と裁判員裁判との違い‥‥‥‥163

V-4 証拠‥‥‥‥165

V-4-(1) 証拠の種類‥‥‥‥167

目　次　vii

V-4-(2) 証拠能力と証明力……………168

V-4-(3) 最低限理解しておくべき伝聞証拠とは…………169

V-4-(4) 最低限理解しておくべき自白法則とは………170

V-4-(5) 違法収集証拠排除法則について…………171

V-5 証拠調べ…………172

V-5-(1) 書証の取調べ…………173

V-5-(2) 電子メールやチャット等が証拠になる場合…………174

V-5-(3) 書画カメラ・法廷内モニターの使い方…………175

V-5-(4) 主尋問と反対尋問の違い…………176

ワンポイントアドバイス㉔反対尋問はうまくいくか…………177

V-5-(5) 検察官からみた証人尋問のポイントと尋問訓練…………178

ワンポイントアドバイス㉕証人尋問の「失敗談」…………179

ワンポイントアドバイス㉖尋問準備の手抜きは危険…………180

V-5-(6) 裁判官からみた効果的な尋問…………181

V-5-(7) 補充質問や尋問への介入…………182

V-5-(8) 証人尋問に対する異議…………183

V-5-(9) 補充尋問に対する異議…………185

V-5-(10) 裁判員向けの尋問技術…………186

V-5-(11) 否認事件立証のポイント…………187

V-5-(12) 専門家証人の尋問の留意点…………188

V-5-(13) 情状証人に対する尋問の留意点…………189

V-5-(14) 被告人質問先行型審理とは…………190

V-5-(15) 被告人質問における犯情の聞き方…………191

V-6 公判における心証形成に向けたポイント…………192

ワンポイントアドバイス㉗難しい事実認定…………193

V-6-(1) 検察官の求刑心得…………194

V-6-(2) 弁護人の弁論心得…………195

V-6-(3) 刑の一部の執行猶予について…………196

ワンポイントアドバイス㉘裁判員裁判における論告弁論について、裁判官から一言
…………197

V-6-(4) 量刑データの活用…………198

Ⅵ 上訴、再審とは何か……………………………199

Ⅵ-1 控訴審…………201

VI-1-(1) 「控訴審における弁護活動において改善を要するもの」について……202

VI-1-(2) 控訴趣意書に対する答弁書…………204

VI-2 **上告審**…………205

VI-2-(1) 上告事件の記録の検討…………206

VI-2-(2) 上告趣意書の作成の留意点…………207

ワンポイントアドバイス㉙困ったときは先輩に質問しよう…………208

あとがきに代えて──喉元過ぎれば熱さ忘れる…………209

実務家に必要な
刑事訴訟法

入門編

Ⅰ 刑事訴訟法とは何か

　刑事訴訟法は、犯罪に見合う刑罰を定めた刑法を中心とする刑事実体法を実現するための手続を定めた法律である（ほかに、裁判所法、検察庁法、弁護士法、刑事訴訟規則等々、手続を規律する法令がある）。刑事訴訟法の目的は、「公共の福祉の維持と個人の基本的人権の保障とを全うしつつ、事案の真相を明らかにし、刑罰法令を適正且つ迅速に適用実現すること」である（1条）。個人の基本的人権を保障し、適正な手続に従った方法で真実の発見に努め、解明された犯罪事実に対して、関係する刑罰法令を適用し、もって、犯罪によって乱された秩序を回復し、国民の安全・安心な社会を維持することであるといってもよいであろう。

　次に、この目的を達成するためにわが国は、訴訟構造として、弾劾主義と当事者主義を採用している。憲法38条1項は「何人も、自己に不利益な供述を強要されない」と規定し、自己負罪拒否特権（黙秘権）を保障した。被疑者・被告人は一切の供述を拒否できる。検察官は犯罪事実を主張・立証する責任（挙証責任）を負い、被疑者・被告人は立証に協力する義務を課されない。これを弾劾主義という。また、憲法37条は被告人に、迅速・公開・公平な裁判を受ける権利、証人審問・喚問権、私選・国選の弁護権を保障している。つまり、公開の法廷で検察官の主張（訴因）に対して被告人と弁護人が最大限に防御活動を展開する機会を与え、それでもなお、検察官の主張が合理的な疑いを超えるまで証明されていると裁判所が判断したときに初めて有罪判決が下されるという形態を採用している。この当事者主義の必須要素を憲法は被告人の権利保障という形で規定しているのである。

　さらに、近年、被害者参加制度と裁判員制度が導入された。前者は、被害者等に心情等の意見陳述を認めたり（平成12年、犯罪被害者保護関連二法）、被害者参加人という立場で①公判期日への出席、②証人尋問、③被告人質問、④弁論としての意見陳述を認めた（平成19年、権利利益保護法）。

これらは、被害者等が訴訟の推移や結果を見守り、これに適切に関与したいとの心情を尊重するとともに、結果として、被害者等の名誉の回復や被害からの立ち直りにも資する一方、被告人が被害者等の心情を知ることにより反省が深まり、更生にも資すると考えられたため認められたのである。被害者等は訴訟の当事者ではないが、「事件」の当事者として適切な関与をすることにより、より多角的な視点を刑事裁判にもたらすことが期待されよう。また、後者は、国民の中から選任された裁判員が裁判官と協働して、事実の認定、法令の適用、刑の量定を行うことにより、司法に対する国民の理解の増進とその信頼の向上に資することを目的として導入された（裁判員法1条、6条）。裁判員の負担や能力の限界と、短期間の集中的審理を前提にすると、検察官は争点を絞り、証拠を制限し、わかりやすい言葉や方法によって立証に努めなければならない。また、証拠は裁判員が調書を読むのではなく、目で見て耳で聞いて心証形成できるものでなければならないので、結果として、口頭主義、直接主義を内容とする第一審公判中心主義を体現する当事者主義を徹底した刑事裁判の実現が目指されることになる。

　このように、現代の刑事裁判においては、刑事事件の重要な利害関係者（stakeholder）であるにもかかわらず、一証拠方法でしかなかった被害者等がその地位にふさわしい立場で、裁判に参加できるようになり、重要な事件の関係者がすべて刑事裁判に参加し、その意見を反映し、多様な視点を反映した刑事法の運用がなされるようになっている。また、裁判員が裁判体に加わることによって、国民の良（常）識が裁判に反映され、その結果、司法に対する国民の理解の増進とその信頼の向上に資することが期待される。

　加えて、平成28年の刑事訴訟法改正は、取調べの録音・録画制度の導入をはじめとした9項目に及ぶ改正を実現したが、その理念を一言で述べれば、取調べおよび供述調書に依存した状況を改め、刑事手続における証拠の収集方法の適正化・多様化および公判審理の充実化を図ったものである。

（椎橋隆幸）

I-1 手続の流れを理解しよう

　刑事裁判が、捜査、公訴、公判、判決という流れで進められることは説明を要しないであろう。ここでのポイントは、捜査や弁護活動は、判決に向けたものである、ということである。平たくいえば、有罪・無罪、あるいは情状の立証に向けた行為である。とすれば、何をもって何を立証するか、ということの理解が重要で、そのために、いかなる証拠を集めるか、が主眼となる。

　また、逆に、捜査に違法があった場合は、公判で、その証拠能力が否定されることがあるから、手続を遵守することも重要である。

　要するに、いま、どこの手続段階の問題であるかを、常に認識すると同時に、今後、どこに影響を与えるか、という将来の問題を検討しなければならないのが、手続法の考え方である。

刑事手続概略図

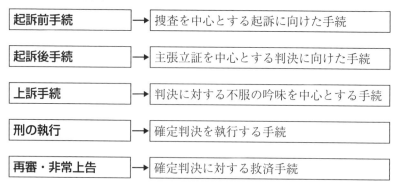

起訴前手続	→ 捜査を中心とする起訴に向けた手続
起訴後手続	→ 主張立証を中心とする判決に向けた手続
上訴手続	→ 判決に対する不服の吟味を中心とする手続
刑の執行	→ 確定判決を執行する手続
再審・非常上告	→ 確定判決に対する救済手続

刑事事件の流れ概略図

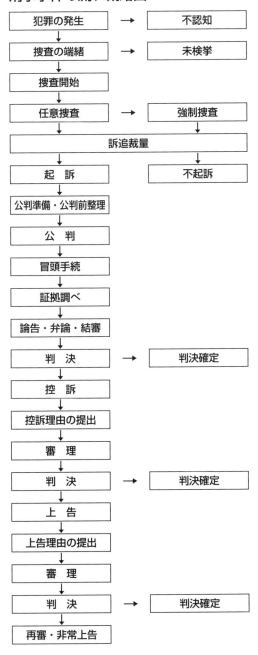

I-1 手続の流れを理解しよう

ONE POINT ADVICE 1

学生の頃の勉強

　憲法にせよほかの法律にせよ、実務に就いてから体系的に勉強することは時間の都合もあってなかなか難しいので、学部生、法科大学院生の時にきちんと勉強して、何かあった時に立ち戻れるような基礎を作っておくことが大事である。

（裁判官）

Ⅰ-2 憲法と刑事訴訟法
―被疑者・被告人の基本的人権をおさらいしよう

　基本的人権という概念は、「歴史的所産」（高木八尺＝末延三次＝宮沢俊義編『人権宣言集』（岩波書店・1957）28頁）である。したがって、フランス革命やアメリカ独立宣言の時期から、時間の経過とともに、価値観の変遷、侵害態様の変遷等により基本的人権という概念には変遷が、当然みられるのである。特に、社会の発展や国際化、科学技術の発達等により、日々、個人の尊厳とは何か、基本的人権とは何か、という問題が問われているといえる。

　法律実務家としては、現在生起している事件の処理が主眼であり、新しい価値観を踏まえた基本的人権概念の構築は、趣味の領域といわれるかもしれない。

　しかし、刑事裁判は、最も直接的に、基本的人権が問題となる領域であるので、昔々の概念にこだわっていては、世の中の流れに取り残される危険がある。特に、科学技術の発達は、捜査方法の変更をもたらし、また、基本的人権の侵害態様の変化をもたらしている。

　その観点からは、趣味の領域として、切り離さずに、世の中の流れを見据えつつ、被疑者・被告人の基本的人権に対し、日々配慮する姿勢がほしい。

ONE POINT ADVICE 2

刑事実務と憲法

　刑事事件では民事事件と比べると、当事者から憲法違反の主張がなされることが多い。例えば、弁護権侵害等は憲法違反に直結することになる。そういった場合には、必要に応じて文献や下級審を含めた判例をすべて調べる。したがって、刑事実務では憲法への意識というのはあらゆる場面で必要になると思われる。こういった事案に直面した時に、受験生時代の基礎学習がなければ、すぐに対応することができないので、刑事実務の当事者は憲法の基礎をしっかりと学習していなければいけない。
　被疑者・被告人の人権や、無罪推定といった基本的な概念は、当然の前提として意識をしながら仕事をしている。もちろん昔からその意識はあるが、昨今は裁判員制度の影響もあり、裁判所全体で意識がより高まっていっている感じがする。もっとも、こういった意識は当然に基礎とはなるが、あまりそれを強調しすぎることも問題があるように思われる。基礎概念を出発点としながらも、ほかの要素などにも目を配る必要がある。

（裁判官）

I-3 刑法と刑事訴訟法

　刑事訴訟法とは刑法（広義）を実現する手続法である。まず、刑法が予定している犯罪の事案の真相を明らかにし、刑法を適用することとなる。刑事裁判では、捜査の対象、立証の対象は、犯罪の成否およびその情状である。例えば、殺人罪であれば、まず、死体の有無、殺人の実行行為、殺意、等が問題となり、殺人罪が成立するとしても、偶発的か計画的か、実行行為の残虐性、等の犯情が情状として、問題となるのである。その他、被害弁償等、事後的な情状も、酌量減軽等として検討することとなる。

　すなわち、刑法について、犯罪論のみならず刑罰論にも理解が必要となるのである。特に、司法試験の勉強では、刑罰論はかなり軽視されているが、実務では、大半が自白事件であることからして、執行猶予や加重減軽などの制度に対しても、理解を要するのである。

　罪名をみてから、あわてて、概説書や注釈書を開いているようでは、まともな事件処理ができるとは思えない。体系書を一から勉強する暇はないであろうが、日頃から、新聞・テレビ等の犯罪報道をみて、その都度、解釈等に思いをいたしたい。特に、特別刑法に関しては、有効である。

I-4 適正手続の保障とは何か

　刑事訴訟法においては、闇雲に、事案の真相を明らかにするのではなく、適正手続を遵守して、事案の真相を明らかにしなければならない。適正手続の最も重要な視点は、被疑者・被告人の基本的人権を守る、ということである。ここでは、憲法に立ち戻って、基本的人権とは何かを思い起こしてほしい。

　さて、憲法31条以下の適正手続の具体的内容を具現化したものが刑事訴訟法であるが、解釈に委ねられている部分もあり、判例上、明らかとなる場合もある（例えば、GPS捜査に関する最大判平成29年3月15日刑集71-3-13）。

　司法試験では、違法な手続を題材として、刑事訴訟法の理解を問う出題がなされる傾向があるが、実務では、大半の捜査手続が適法であり、したがって、捜査機関が法律を遵守した捜査に対し、弁護人が、刑事訴訟法の予定する手続の中で、被疑者・被告人の権利を擁護することとなることが多い。このことから、法律実務家としては、解釈に争いのある問題点のみならず、規則を含めた刑事訴訟法の手続全体に通暁する必要がある。

I-5 刑事裁判に関わる機関とその役割

　刑事裁判に関わる機関としては、①裁判所・裁判官、②検察官、③弁護人のほかに、④警察機関、⑤検察事務官、⑥裁判員、⑦被害者参加人（同代理人弁護士）、が挙げられる。

　各々の役割は異なるが、1つ念頭においてほしいことは、相手の立場でものを考えるということである。検察官であれば弁護人、弁護人であれば検察官、裁判官であれば両当事者の立場である。単に、相手の行動が理解できないと即断せずに、なぜ、そのような行動をとるのかを考えることにより、一歩先に進むことができるはずである。

Ⅰ-5-(1) 警察は、捜査の主役である

　平成29年版の犯罪白書によると、平成28年の認知件数は、約100万件である（刑法犯のみ。危険運転致死傷・過失運転致死傷等を除く）。そして、検挙件数は、約34万件である。

　これに対し、全国の警察官の数が、約26万人で、検察官が、約2700人（含む副検事）である。この数の対比だけで、捜査の主役は、警察であることは理解できよう。

　ここで、最も注意すべき点は、警察官は刑事訴訟法を知らないのではないかという間違った先入観を持たないことである。捜査に関する司法試験の勉強が、主に、警察の捜査の違法性の解釈上の問題点にあることから、ややもすると、間違った先入観を持つ人がいる。

　実際の捜査は、法律の遵守は大前提として、その趣旨をさらに詳細に定めた犯罪捜査規範（昭和32年7月11日国家公安委員会規則第2号。なお、法改正等により順次改正されている）に基づき行われている。いろいろな理由から、例外的に、違法となることもあるが、大半の事件の捜査は、法令を遵守して、進められているのである。警察が行政機関であることからすれば、法治主義のもと、行う業務に関し、事細かにマニュアル化され、作成すべき文書も詳細に定められていることは、当然といえる。

　高度にマニュアル化されていることからすれば、マニュアルに従っているか否かが、1つの判断基準であり、マニュアルを逸脱している場合に、違法捜査の可能性が出てくるといえる。

　殴って、蹴って、机をたたいて、カツ丼を食べさせて、自白をとるなどというのは、テレビや映画の世界だけのことである。

I -5-(2) 警察官の作成する文書は何?

　捜査の過程で作成される文書として、すぐに思い浮かぶものは、被疑者の供述調書や、参考人・被害者の供述調書であろうが、そのほかにも多種多様の文書の作成が義務付けられている。

　例えば、犯罪捜査規範に基づく各種様式のほか、検察官の一般的指示（193条1項）に基づくものとして①司法警察職員捜査書類基本書式例、②微罪処分処理に関する指示、③司法警察職員捜査書類簡易書式例、④道路交通法違反事件迅速処理のための共用書式などがある。

　これら多種多様の文書が捜査過程で作成されていることを理解すれば、証拠開示請求の際に、開示を要求する文書（作成されている可能性のある文書）を明示することに役立つのである。

主な捜査関係書類一覧

略語		略語	
検	検察官に対する供述調書	返還	協議返還書
検取	検察官事務取扱検察事務官に対する供述調書	上	上申書
員	司法警察員に対する供述調書	報	捜査報告書、捜査状況報告書、捜査復命書
巡	司法巡査に対する供述調書	発見	遺留品発見報告書、置去品発見報告書
弁録	弁解録取書	現認	犯罪事実現認報告書
逆送	家庭裁判所の検察官に対する送致決定書	写報	写真撮影報告書、現場写真撮影報告書
告訴	告訴状	交原	交通事件原票
告調	告訴調書	交原 (報)	交通事件原票中の捜査報告書部分
告発	告発状、告発書	交原 (供)	交通事件原票中の供述書部分
自首	自首調書	検調	検証調書
通逮	通常逮捕手続書	実	実況見分調書
緊逮	緊急逮捕手続書	捜照	捜査関係事項照会回答書、捜査関係事項照会書、 捜査関係事項回答書
現逮	現行犯人逮捕手続書	免照	運転免許等の有無に関する照会結果書、 運転免許等の有無に関する照会回答書、 運転免許調査結果報告書
捜	捜索調書		
押	差押調書	速力	速度違反認知カード
捜押	捜索差押調書	選権	選挙権の有無に関する照会回答書
任	任意提出書	診	診断書
領	領置調書	治照	交通事故受傷者の病状照会について、 交通事故受傷者の治療状況照会、 診療状況照会回答書、治療状況照会回答書
仮還	仮還付請書		
還	還付請書	死	死亡診断書、死体検案書
害	被害届、被害てん末書、被害始末書、被害上申書	酒力	酒酔い酒気帯び鑑識カード
追害	追加被害届、追加被害てん末書、追加被害始末書、 追加被害上申書	鑑嘱	鑑定嘱託書
答	答申書	鑑	鑑定書
質	質取てん末書、質取始末書、質受始末書、 質取上申書、質請上申書	電	電話聴取書、電話報告書
買	買受始末書、買受上申書	身	身上照会回答書、身上調査照会回答書、身上調査票、 身上調査回答
始末	始末書	指	指紋照会回答票、指紋照会書回答票、 指紋照会通知書、指紋照会回答、指紋照会書回答、 指紋照会回答
害確	被害品確認書、被害確認書、被害品確認答申書		
放棄	所有権放棄書	現指	現場指紋による被疑者確認回答書、 現場指紋等確認報告書

I-5-(3) 検察官は、刑事裁判で主導的役割を果たす

　捜査の主役は警察であるとしても、検察官も捜査権限を有し、しかも、起訴・不起訴の権限を有し、起訴、起訴後の立証、論告求刑等、一連の流れは、検察官主導で行われる。当事者主義構造の中で、攻撃陣の主役は、検察官である。大げさな言い方をすれば、国法秩序の維持は検察官の双肩にかかっている。

ONE POINT ADVICE 3

検察官心得

　検察官の使命は、厳正公平・不偏不党を旨とし、法と証拠に基づき、適切に捜査・公判を遂行することによって、刑事事件の真相を明らかにし、刑罰法令を適正かつ迅速に実現することにある。その目的は、市民生活や社会経済の基盤である法秩序を守ることにあるのであり、これを脅かす犯罪に対して厳正に対処する責任を負っているのが検察官である。

　無論、すべての犯罪をことごとく厳しく処罰すべきということではなく、事案の真相を見極め、被害者の救済・保護や、被疑者・被告人の更生・社会復帰・再犯防止といったことも考慮し、法秩序の維持という目的に見合った処分を行わなければならない。

　刑罰法令に触れる行為を行った者が常に処罰されるべきとは限らず、むしろ、真の悪は別にいるということもあるであろうし、刑罰以外の手段がもめごとを解決する方策になることも多いであろう。犯罪を犯した者が、国家の刑罰権行使という強制手続を経るまでもなく、自力で更生し、被害回復の措置を講じるのであれば、敢えて処罰の必要もない事案もある。被疑者の更生環境を整えるために福祉機関との調整を図ることが検察官の作業課題になるといった事案も少なくない。

　あるいは、捜査手続に法令逸脱があれば、そのような捜査手続を許すことが法秩序を揺るがせることにもなるのであり、当該事件の訴追を断念するという判断をせざるを得ない場合もある。

　その一方で、市民生活や社会経済の基盤を守るために真に処罰が必要な犯罪に対しては、それがいかに困難が伴うものであろうとも、知力を尽くして真実を明らかにし、適切な刑罰法令を実現しなければならず、検察官は、そのための力を持たなければならない。法令に精通し、これを駆使する能力もそのような力の１つである。

　なお、例えば、逮捕状や逮捕状請求書の記載に誤記・欠缺があったり、裁判官の押印漏れがあったりすれば、逮捕手続の適法性に問題が生じ、身

柄拘束すべき被疑者を釈放せざるを得なくなることもあるのであり、捜査
書類の一字一句に注意を払うことも検察官の職務であることを心得ておく
べきである。

（検察官）

Ⅰ-5-(4) 弁護人は、被疑者・被告人の権利を守る

　世間では、弁護人はなぜ悪人を擁護するのか、という問いかけがなされたり、白い目でみられたり、することがある。「盗人にも三分の理」という諺で誤魔化すか、「被告人無罪推定の原則」と大上段に反論するか、はともかくとして、弁護人の役割は、被疑者・被告人の権利を守ることにある。いろいろな面で、攻撃に対して防御することになるが、特に、被疑者・被告人の法的素養の欠落を補うことに、主眼がある。したがって、弁護人は刑事訴訟法に通暁していなければならない。

　ここで、注意すべき点は、権利を守ることと事案を解明することとが相克する場合である。弁護人の真実義務、捜査妨害等である。

ONE POINT ADVICE 4

弁護士心得

　弁護士を目指す人の中には、企業法務、国際法務等の民事分野には興味があるものの、どうして悪いことをした人の弁護をしなくてはならないのか、と刑事弁護の分野に疑問を持つ人がいる。しかし、それは大きな間違いである。身柄拘束をされている被疑者・被告人は孤独で、弁護人は、被疑者・被告人の味方として寄り添い、時には社会やマスコミ等の周囲をすべて敵に回してでも、彼らを守らなくてはならない場合がある。これは、被疑者・被告人が無罪を主張している場合に限らず、罪を認めている場合であっても同様である。弁護人として、無罪の人間を救わなければならないことはもちろんであるが、被疑者・被告人が罪を認めている場合であっても、彼らにとって適正な手続に従った適正な刑事処分となるように手助けをしなくてはならない。さらには、彼らに事件と深く向き合ってもらい、反省を促し、それと同時に更生のための環境整備を行うなどして、二度と彼らが犯罪行為に手を染めないことを手助けする必要もある。弁護士には、このような弁護人にしかできない重要な使命がある。

　弁護人としては、十分な弁護活動を行うためには、被疑者・被告人からしっかり話を聞き、時には、これまで自分の全人生で培ってきた人格をぶつけて、彼らと真剣に向き合わなければならない。そうして真剣に向き合うことで、弁護人は、被疑者・被告人との間に信頼関係を築くことができる。これには、単なる机上の法知識だけではなく、あらゆる分野における経験の蓄積、たゆみない人格の陶冶が必要となる。

　このように、刑事弁護は非常に奥深く、また難しい分野なのであるが、その分、非常にやりがいのあるものなのである。被疑者・被告人や関係者が、結果に納得をしてくれて、感謝の言葉をもらえた時の喜びは何ものにも代えがたいものがある。

（弁護士）

ONE POINT ADVICE 5

刑事訴訟法を知らなくても、刑事弁護ができる？

　争いのない事件で、常習性があり、実刑必須で、情状立証もほとんどない場合に、第1回公判期日当日の朝、被告人と裁判所で接見をして、意思確認をして、開廷後の起訴状朗読に対し、罪状認否で起訴状事実を認め、証拠調べ請求に対し、証拠意見はすべて同意、然るべく、最後に、被告人質問で反省していますか、と、確認する。弁論では、本人が反省している旨を述べる。次回の判決期日に出頭して、弁護終了。

　刑事訴訟法が問題となる部分がなく、弁護活動が終わる。これでいいのか、と疑問を持たれる人がいるかもしれないが、現実には、これに近いことをしていた弁護士がいたことも事実である。特に、国選弁護が起訴後に限定されていた時代には、散見された。なお、このような弁護活動は、不適切弁護として懲戒となるリスクがある。

（弁護士）

I-5-(5) 裁判所・裁判官は、判断機関である

　裁判所は、三権の一翼を担うものであり、裁判所が法の支配を実現しているのである。司法権の独立もその文脈において理解すべきものである。

　刑事裁判に関していえば、刑法の実現という国法秩序の維持を担う一方で、基本的人権の保障という憲法の実現も担っているのである。

　刑事訴訟は、当事者主義的構造を原則として採用しており、検察官の攻撃に対し、弁護人の防御がなされ、それを判断するのが、裁判官である。例外的に、職権主義的な手続もあるが、原則は、裁判所・裁判官は判断機関であり、一方に偏することなく、当事者の攻防を見守ることとなる。

ONE POINT ADVICE 6

裁判官心得

　1つ1つの事件にきちんと向き合うことである。そこで、まず、誠実さや謙虚さが必要である。裁判官が判断権者だからほかの当事者よりも上の立場だ、などと思ってはいけない。もっとも、1つ1つの事件に誠実に、謙虚に向き合うというのは、どの職種でも同じだと思うので、裁判官に限ったことではない。

　裁判官の適性ということでいえば、ときおり「裁判官になるにはやはり正義感が必要ですか？」という質問を受けることがある。もちろん、正義感がないと務まらない仕事ではあるが、それを強調しすぎるのも問題だと思う。裁判官というのは、正義感だけで突っ走ってはならず、バランスをとることが重要だと思う。

　人柄ということでいうと、意外かもしれないが明るく陽気な人のほうが向いていると思う。取り扱っている事件の内容はやはり暗いことが多いので、明るい人でないと精神的に追い詰められてしまう。また、裁判官は、各部の部長や陪席裁判官と同じ部屋で仕事をするので、明るい人のほうが周囲ともコミュニケーションがとれてよいのではないか。

　裁判官は、65歳の定年まで現役で判決を書かなくてはならない仕事であるため、自分の頭でしっかりと物事を考え、自分の考えに従ってどんどん仕事ができる人でなくてはならない。

　刑事裁判官をしていていつも感じていることは、被告人は一人一人違うということである。どうして犯行を行ったのかとか、いまどんなことを考えているのかというのは一人一人違う。刑事裁判官は、それを限られた公判の時間の中で懸命に考えて、どうしたら反省してもらえるか、何をいえば再犯をしないでもらえるか、再犯を防ぐことは容易ではないけれどもいま目の前にいる被告人については何とか再犯を防げないかということを考えて、1つ1つ誠実に仕事をしなくてはならない。そのように考えて仕事をすれば決してルーティーンになってしまうような仕事ではないし、一生

現役で続けていくことのできる仕事だと思う。任官を目指す方がそのような意識をもって勉強に励んでくれることを望む。

（裁判官）

Ⅰ-5-(6) 裁判員は、国民の常識を裁判に反映させる

　裁判員制度とは、無作為に抽出された国民が職業裁判官と協同して、事実認定と刑の量定を行う制度である。

　裁判員裁判とは、法律専門家による裁判は、時として、国民の常識と乖離するのではないかという、観点から導入された制度である。誰でもわかる裁判という視点から、法律専門家には、当たり前の手続が、噛み砕かれ、わかりやすく変わりつつある。そのことが、裁判官裁判にも影響を与えつつある。

ONE POINT ADVICE 7

裁判官の常識

　裁判官に対し常識がないという批判を耳にすることはあるが、裁判官というのは独立性を保ちながらも、決して独断で仕事をしている訳ではない。必ず部長やほかの陪席裁判官などから、アドバイスを受けたり、問題点を協議しながら、独断に陥らないように注意をしている。個々人に対するそのような批判は必ずしも妥当しないことが多いのではないかと思う。
　また、裁判所全体についても裁判員裁判の導入によって、裁判官が一般市民と議論をしなくてはならないという場面が多く出てきた。そこで、裁判官も、勉強しかしていなくて常識がないという人では務まらない時代になっている。そのため、裁判官は、テレビドラマやバラエティー番組等を観て、裁判員になる一般市民と普通に話ができるようでなければならないと思っている。裁判官だから常識がないというようなことは、直ちに当てはまらない。

（裁判官）

I-5-(7) 被害者参加は、被害者をより擁護する

　被害者参加制度は、被害者に従前の証人という立場から裁判の当事者性を帯びさせることにより、より被害者を擁護しようとする制度である。具体的には、一定の重大な犯罪の被害者は、裁判所の許可を得て（316条の33 I）、被害者参加人として、公判期日に出席し（316条の34）、証人や被告人に質問したり（316条の36、316条の37）、検察官の権限行使（316条の35）や、事実や法律の適用に関する意見（316条の38）を陳述することができる制度である。

11 捜査とは何か

　捜査とは、犯罪の証拠を発見・保全する活動および被疑者を摘発・保全する活動をいう。事案の解明を目的とし、公判準備という面も持つ。

　捜査によりどの程度まで事案を解明しなければならないかというと、まず、現行法では捜査で集められた証拠（一件記録）を裁判所に引き継ぐことは禁止され、また、被告人が有罪であることを公判で証明する責任（挙証責任）は、検察官がすべて負っている。したがって、検察官が公訴提起の有無を判断する場合には、少なくともこの挙証責任を果たすことができる程度には、事実を明らかにしなければならない。

　また、現行法上は、量刑資料を集めるための公判とは別の量刑聴聞手続などは用意されていないので、量刑で用いる証拠も捜査段階で集められることになる。

　さらに、公訴提起の有無の判断を行うにあたり、検察官には起訴猶予権限が与えられ広い裁量が認められているので、公判で有罪判決を得るのに十分な証拠がそろったとしても、検察官は、被疑者を起訴しないほうが妥当であるか否かを判断しなければならない。そのため、事件の背景まで捜査で調べ上げることが求められる。

　捜査の対象となった者は、行動の自由やプライヴァシーに制約を受ける。そして、この点に関して刑事訴訟法は、強制の処分を行うには刑事訴訟法に具体的な根拠規定がなければならないとする強制処分法定主義を定めている（197条1項但書）。一般にこの原則は大原則であると理解されていることから、ある捜査手法が強制処分なのか任意処分なのかが、やかましく議論されている。個人の権利や利益を制約する処分はすべて強制処分であり、そのような処分すべてが刑事訴訟法上の具体的な根拠規定がない限り許されないとすると、それは非現実的なので、判例は、一定の重要な権利・利益に対して相当程度の制約が加えられた場合に限って強制処分とするとの、法律上独特の意味をこれに与えている。そしてまた、任意処分

であっても個人の権利・利益を制限することがあるので、任意処分についても具体的な状況のもとでの相当性を要件とし、その適法性を問題としている。

憲法、刑事訴訟法が一定の強制処分について定める要件は、多くの場合、捜査の必要性と個人の権利・利益の調整基準としての意味を持つ実体要件と、実体要件についての捜査機関による認定の誤りやごまかしを防ぐ手続要件（令状要件）からなっており、これを一般に令状主義と呼んでいる。

（柳川重規）

II-1 捜査事例

　ここでは、典型的な捜査事例をいくつか掲載する。事件は千差万別で、1つとして同じものはないが、全体の大まかな流れやタイムスケジュールを理解しておく必要はある。

Ⅱ-1-⑴ 殺人事件—事例解説

　警察官は、Ｘ年４月１日昼ころ、Ｂという男からの「自宅で５分くらい前に交際相手を刺してしまった」旨の110番通報を受け、東京都乙区のＢ宅に臨場した。Ｂ宅内では、女性が胸から大量の血を流して居間の床上に倒れており、ほぼ同時に到着した救急隊が女性を搬送していった。警察官が、着衣に血が付着しているＢに対して事情を聞いたところ、Ｂは、「口論になって私が交際相手であるＶを包丁で刺しました」と答え、床上に落ちていた包丁（刃の長さ約15センチートル）を示した。警察官は、ＢがＶを包丁で刺したと認め、ＢをＶに対する殺人未遂の事実で現行犯逮捕するとともに、前記包丁を差し押えた。Ｂは、弁解録取手続および取調べにおいて、「Ｖを刺したことは間違いないが、殺すつもりはなかった。すぐに救急車も呼んだ」旨供述した。Ｖは、搬送先の病院で胸部刺創に基づく出血多量による死亡が確認された。警察官は、同月３日、ＢをＶに対する殺人の事実で東京地方検察庁検察官に送致した。

　検察官が、Ｂの弁解録取手続を実施したところ、Ｂは、前記同様の供述をした。検察官は、同日、Ｂにつき勾留を請求した。その後、検察官は、同月12日に勾留期間の延長請求を行い、これが認められて同月22日まで捜査を実施した。

　検察官は、鑑定処分許可状の発付を受けてＶの遺体の司法解剖に立ち会い、解剖医からＶの死因、創傷（胸部２箇所、深さ約15センチメートル）、想定される成傷器等を聴取した。警察において、押収したＢおよびＶの携帯電話機を解析したところ、約１か月前からＶがＢに別れ話をしている状況が判明した。警察官は、Ｂ宅の検証令状の発付を受け、Ｂ宅の居間の状況、血痕の付着状況等を確認して写真を撮影するなどした。ＢおよびＶの友人らを聴取したところ、Ｖが友人に「Ｂと別れたいが、Ｂが逆上するから別れられない」旨相談していた事実が明らかになった。前記包丁につき、科学捜査研究所に鑑定を嘱託したところ、同包丁の刃の先端から検

30　　Ⅱ　捜査とは何か

出されたDNA型がVのDNA型に、柄から検出されたDNA型がBのDNA型に一致した。Bは、取調べにおいて、「けんかはしたが、深刻な別れ話はしていない。脅すつもりで包丁を差し出したらVの胸に刺さってしまっただけで、殺すつもりはなかった」旨供述した。

検察官は、同月22日、Bを、殺人の事実で東京地方裁判所に公判請求（起訴）した。（本事件は架空の事件である）

(検察官)

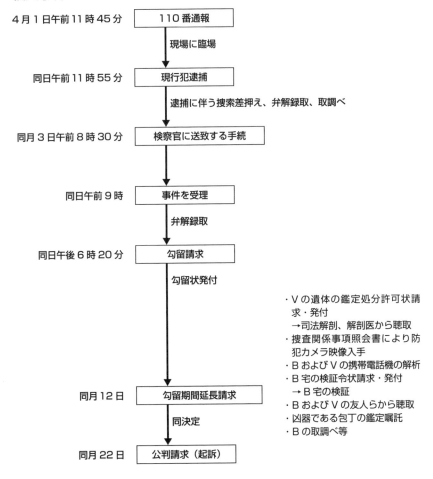

II-1-(2) 覚せい剤事件—事例解説

　警察官は、X 年 1 月 1 日夜、東京都甲区の路上で不審な挙動をしていた A に対して職務質問を実施したところ、A が違法な薬物を使用している可能性があると考え、A を警察署に任意同行した。A が任意提出した尿の簡易鑑定を実施したところ、尿から覚せい剤の陽性反応が出たことから、警察官は、A を覚せい剤取締法違反（使用）で緊急逮捕した。A は、弁解録取手続および取調べにおいて、「これまで一度も覚せい剤を使ったことはない」旨供述した。警察官は、同月 3 日、A を東京地方検察庁検察官に送致した。

　検察官が、A の弁解録取手続を実施したところ、A は、「覚せい剤は使っていない。ただ、12 月 30 日の夕方ころ、たまたま知り合った男と一緒に渋谷の Y 公園で缶ビールを飲んだが、その時飲んだビールに覚せい剤を混ぜられたかもしれない」旨供述した。検察官は、X 年 1 月 3 日、A につき勾留請求をした。その後、検察官は、同月 12 日に勾留期間の延長請求を行い、これが認められて同月 22 日まで捜査を実施した。

　警察において、捜索差押許可状の発付を受け、A の自宅の捜索差押えを実施したところ、自宅から未使用の注射器 2 本、未使用のチャック付き小型ビニール袋 2 枚（注：覚せい剤を入れて保管する者が多い）を差し押えた。前記 Y 公園入口付近に設置された防犯カメラの設置者に対して、捜査関係事項照会書を交付して防犯カメラ映像を入手して精査したところ、12 月 30 日午後 4 時頃、A に特徴が合致する人物が Y 公園に入り、その約 1 分後に公園を出ていく姿が映っていた。逮捕時に A が任意に提出していた A 使用の携帯電話機を解析したところ、通信アプリの履歴に、Z なる人物との間で、同日朝に、「またお願いします。4 時でどうですか」、「4 時に Y 公園で。1 です」とのやり取りが認められた。警察官が A に対して毛髪の任意提出を求めたところ、A がこれを拒否したことから、身体検査令状および鑑定処分許可状の発付を得て、A の毛髪を採取し科学捜

32　　II　捜査とは何か

査研究所に鑑定を嘱託した。その結果、Aの毛髪から覚せい剤成分が検出された。

検察官は、X年1月22日、Aを、覚せい剤取締法違反（使用）の事実で東京地方裁判所に公判請求（起訴）した。（本事件は架空の事件である）

(検察官)

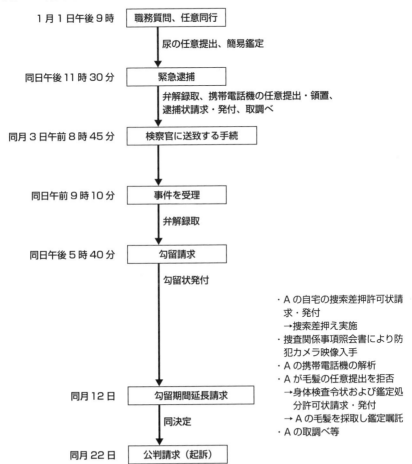

II-1-(3) 過失運転致死等事件──事例解説

　X年6月1日夜、K県S市内で自動車によるひき逃げ死亡事故が発生した。警察官が事故現場に臨場し、目撃者から聴取したところ、「交差点の横断歩道を被害者が青信号で渡っていたところ、赤信号無視のワンボックス車が被害者をはねた。ナンバーはみえなかった」旨の証言を得た。鑑識の警察官は、衝突現場付近から犯人の車両のものと思われる破損した部品の一部を遺留物として領置した。

　現場周辺で聞き込み捜査を実施し、また、捜査関係事項照会書により同所付近に設置されている防犯カメラ映像を入手して精査した結果、犯人運転の車種をZ社の1車種に特定した。同車種のS市内における登録は28台あったことから、警察官が同車種の所有者を順次訪問し、その同意を得て所有車両を確認していったところ、同年9月1日、Cが所有する車両のヘッドライト部分が破損しており、前記破損した部品の一部を同車両の破損部分に合わせてみたところ、形状が完全に合致した。所有者Cは、動揺した様子で、「いつ破損したのかわからない」と答えたが、CをS警察署に任意同行して取り調べたところ、Cは、「6月1日に市内で交通事故を起こしたが、怖くなって逃げてしまった」旨供述するに至った。警察官は、過失運転致死等の事実で逮捕状を請求してその発付を受け、Cを通常逮捕し、同年9月3日、Cを前記事実でK地方検察庁検察官に送致した。

　検察官が、Cの弁解録取手続を実施したところ、Cは、「携帯電話を操作していて前をみておらず、何かをはねて怖くなって逃げた」旨供述した。検察官は、同日、Cにつき勾留請求をし、さらに同月12日に勾留期間の延長請求を行い、いずれも認められて同月22日まで捜査を実施した。

　警察において、差押許可状の発付を受けるなどし、前記車両およびCの携帯電話機等を押収した。同携帯電話機を解析したところ、同年6月1日の事故の時刻直前まで友人と連絡をとり合っている履歴が発見され、前記車両底部に付着した血痕につき鑑定を嘱託したところ、そのDNA型が

被害者のDNA型と一致した。Cの勤務先から聴取した結果、Cは事故当日の事故約30分前まで会社で勤務しており、会社から帰宅するため自動車を運転して事故現場に差し掛かったと考えて時間的・地理的に矛盾しないことが判明した。

　検察官は、同年9月22日、Cを、前記事実でK地方裁判所に公判請求（起訴）した。（本事件は架空の事件である）

（検察官）

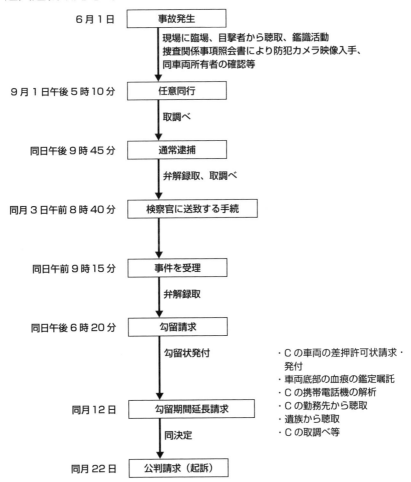

II-2 任意捜査の原則と強制処分法定主義

　捜査の目的は犯人の身柄確保と証拠の収集である。捜査は任意捜査が原則で、強制処分は法律に特別の定めのある場合に限られる（197条1項但書）。

　任意か強制かの判断基準については、最判昭和61年4月25日（刑集40-3-215）が、任意捜査における有形力の行使の限界の判断基準については、最決昭和51年3月16日（刑集30-2-187）が先例となっているが、総合的な判断を求められるため、個々の事件ごとに、捜査の経緯を詳細に検討する必要があろう。

　検察官であれば、取調べ時に、弁護人であれば、接見時に、それまでの捜査に問題がないかを確認することとなろう。

II-3 逮捕

　逮捕とは、被疑者の逃亡や被疑者による証拠隠滅の防止のために、なされる身柄拘束である。逮捕により、捜査機関にとっては、時計の針が動き始めるので、法の定める期間内に、起訴・不起訴に向けた証拠収集活動が行われることとなる。ここでは、捜査方針あるいはスケジュール管理がポイントとなる。

　一方、弁護人としては、いち早く接見をして、被疑事実を確認するとともに、逮捕の違法性・不当性という手続違背の調査や早期釈放の可能性を模索することとなる。弁護人としても、手続の節目節目でのアクションが必要となるので、やはりスケジュール管理が必要である。

II-3-(1) 逮捕勾留の流れ

　逮捕状請求から勾留に至る経緯は次のとおりである。ここで注意すべき点は、逮捕は時間単位で進むこと、勾留は、請求日から日が進行し、初日を算入することである。

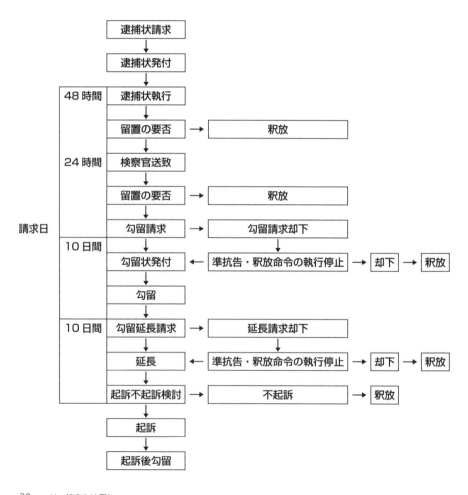

タイムスケジュールに関し、捜査機関側が間違えることは考えにくいが、弁護人としては、いつ接見に行くか、いつ捜査機関と面談するか等、神経を使うべきである。

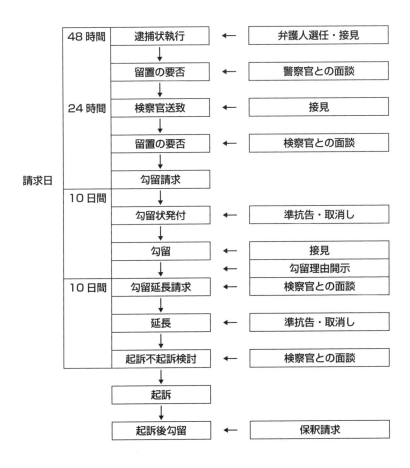

II-3-(2) 逮捕の種類

　逮捕には、通常逮捕、現行犯逮捕、緊急逮捕の3種類があるが、後二者は、無令状逮捕であるので、要件の吟味は慎重になされなければならない。

　現行犯逮捕の要件に関しては、最決昭和31年10月25日（刑集10-10-1439）が判断基準であり、緊急逮捕が違法とされた例としては、大阪高判昭和50年11月19日（判時813-102）が1つの判断基準である。

II-3-(3) 逮捕状請求のポイント

　被疑者の逮捕状請求（199条等）に際しては、裁判官に判断の基礎となる一定の資料を提供しなければならない（規143条）。その資料は、伝聞証拠等の証拠能力の制限はなく、その資料により、一応確からしいといえる程度の立証（疎明）ができればよい。この資料のことを疎明資料といい、捜査官が事件関係者から事情聴取して作成した捜査報告書・電話聴取書でも足りる（なお、この点については後記（45頁）の勾留請求の着目点についても同様である）。

　逮捕状請求の場合、少なくとも逮捕の基本要件となる逮捕の理由と必要性を認めるべき資料の提供が必要となる。逮捕の理由は、①特定の犯罪が存在すること、②その犯罪の犯人が被疑者であることについて嫌疑がある（逮捕の種類で嫌疑の程度が異なる）場合に認められる。その疎明資料として、①では被害届、実況見分調書等、②では被害者・目撃者の供述調書、現場指紋対照結果通知書、DNA型の鑑定書、犯行状況を撮影した防犯カメラ映像の報告書等を挙げうる。逮捕の必要性は、諸般の事情を考慮し、被疑者に逃亡または罪証隠滅のおそれがないとはいえない場合などに認められる（規143条の3）。その疎明資料として、被疑者の住居・職業・家族・前科前歴等の状況を内容とする報告書等を挙げうる。

（検察官）

II-3-(4) 逮捕状の請求を却下することはあるか

　捜査機関から逮捕状請求がなされた場合、裁判官がこれを却下するケースはあまりない。逮捕状請求の場面で逮捕要件の充足に疑義が生じた場合には、逮捕状請求者（主として警察官）を裁判所に呼び、疑義の生じた点について事情聴取を行っているためである。

　逮捕状の再請求に制限は特になく、また勾留の場面と異なって身柄拘束の前であるから、逮捕状請求に何らかの問題があれば、逮捕状請求者は裁判官から受けた指摘を踏まえて逮捕状請求をいったん撤回し、再検討・補充を行ったうえで逮捕状を再請求するケースがほとんどである。

（裁判官）

II-3-(5) 逮捕前の弁護活動

　被疑事実の有無を大至急確認して、アドバイスすることとなるが、相談者が逮捕されそうだと判断した根拠の確認がメインである。

　元々、犯罪を犯していることが明らかであれば、自首を勧めて、減軽事由を増やすのも一手である。

　逆に、無実の罪で逮捕されそうだということであれば、無実の証拠を提出することも考えられる。例えば、知人が覚せい剤取締法違反で逮捕されたときに、その関係者ということで、自宅を捜索された相談者に対してアドバイスし、自ら任意で、尿を提出させて、疑いを晴らしたことがある。

　対応の内容については事案によってケースバイケースであり、何が一番よいということはないが、弁護士としては、証拠隠滅や犯人隠避に問われないように、細心の注意を要する。得てして都合が悪くなると、被疑者は、弁護士のアドバイスで行ったと言うことがあるからである。

（弁護士）

11-4 勾留

　大半の事件は、逮捕されると勾留が認められると考えているかもしれないが、勾留が認められない事件もある。したがって、弁護人のみならず、捜査機関も、勾留の要件を十分吟味しなければならない。また、勾留の延長も、同様である。勾留延長が認められない事件もあるので、捜査機関としては、延長できるのが当たり前と考えてはいけないし、弁護人としても、延長されるのが当たり前と考えてはいけない。

II-4-(1) 勾留請求における検察官の役割

　検察官は被疑者の勾留請求に際して、裁判官に対して判断の基礎となる一定の資料を提出しなければならない（規148条）。この点について、証拠能力の制限がないことや、一応確からしいといえる程度の立証（疎明）ができればよいことは、逮捕状請求の項（41頁）で述べたのと同様である。

　勾留請求の場合、その要件となる①前置の逮捕手続の適法、②時間制限（203条1項等）の遵守、③勾留の理由（207条1項、60条1項）と必要性（87条1項参照）を認めるべき資料の提供が必要となる。

　このうち、勾留の理由については、逮捕状請求の項で述べた①（特定の犯罪の存在）および②（嫌疑の存在）が必要な点で同様であるが、勾留が認められるためには、逮捕の場合より高度な嫌疑があること、かつ、住居不定・罪証隠滅のおそれ・逃亡のおそれのいずれかの事由に当たる場合でなくてはならない（60条1項）。勾留の必要性は、勾留により得られる利益とこれによって被疑者の被る不利益とを比較衡量し、後者が著しく大きくない場合に認められる。疎明資料は、前記逮捕状請求の項で挙げた資料と概ね重なるといえようが、検察官は、勾留状請求時の疎明として十分であるかの観点から検討し、不足と判断すれば、勾留請求前に、警察官に捜査報告書等を作成させ、または自ら電話で事件関係者から事情聴取して電話聴取書等を作成し、補完する必要がある。

（検察官）

II-4-(2) 勾留請求回避のための弁護活動

　検察官が勾留請求の判断をする前に、勾留請求の請求権者である検察官に対し、勾留請求をすべきでない旨の意見を述べ、これについての疎明資料を提出する。限られた時間の中で、ほとんどピンポイントでの検察官への働きかけとなる。意見書の提出も大切であるが、その前に、検察官と直接面談することが望ましい。

　弁護人としては、主に、罪証隠滅のおそれと、逃亡のおそれの事由の不存在を具体的に主張疎明することとなる。

　罪証隠滅のおそれについては、被疑事実との関係で、検察官が、何をもって立証するかを前提に、身柄を拘束されていない場合に、被疑者に罪証隠滅の可能性があるかを主張疎明する。

　また、逃亡のおそれについては、なぜ逃げないかを、主張疎明することとなる。

　いずれも、具体性がポイントであり、監督できる家族がいるとか、身元引受人がしっかりしているとか、縷々述べることとなる。

　ただ、逮捕後間もないので、証拠が十分確保できていない可能性も高く、重い犯罪については、功を奏しないことが多い。

（弁護士）

II-4-(3) 勾留決定における裁判官の視点

　勾留請求書や勾留質問等を踏まえて、具体的に被疑者一人一人の事情に着目するようにしている。

　判断の前提として事件の類型や事件の性質、事件ごとの傾向等について着目することはもちろんであるが、それぞれの具体的な事案において、被疑者に着目し、例えばこういった条件があれば被害者や証人に接触する可能性（罪証隠滅の要件との関係で問題となる）があるが、この条件がなければ接触の危険性はないのではないか等と事件を仕分けしていき、最終的に勾留するか否かを判断するよう意識している。

　裁判官としては、具体的な事情のもとで被疑者について罪証隠滅や逃亡のおそれがないと確信できるかどうかを意識しているので、その確信が持てるかどうかが大きな判断要素である。その意味では、家族から事情聴取がきちんとできているか、身元引受人は存在するか等の事情は判断に大きく影響する。

（裁判官）

II-4-(4) 勾留決定と犯罪類型

　犯罪の類型は勾留決定の判断の前提ともいえるものであり、当然に勾留の当否の判断に大きく影響する。

　例えば、薬物事犯などでは常習性がある場合が多く1回だけ使ったということはあまりない。被疑者についても薬物に興味があるからこそ、入手に至ることがほとんどであることから、そのような被疑者の性質からしても、罪証隠滅や逃亡のおそれが強い類型といえ、安心して在宅捜査に切り替えられるようなよほどの事情がなければ、なかなか勾留請求を却下することはできない。

　また、窃盗であっても、万引き事犯等であれば、犯罪傾向の進んでいない者が行うケースも多々あるが、侵入窃盗等となると犯罪傾向の進んでいる者でなければ通常行わない犯罪であるので、罪証隠滅や逃亡のおそれを強く疑わなくてはならなくなる。痴漢等のケースでも、条例違反か強制わいせつか、被害者のことを知らない行きずりの犯罪なのか、被害者をストーカー的に狙って行ったものなのかによって判断はまったく異なる。詐欺についても、無銭飲食の場合もあれば、いわゆる「オレオレ詐欺」の場合もある。したがって、勾留の当否は罪名だけでは決まらず、犯罪の性質を加味した犯罪類型を意識しなければ判断できない。

　その点でいえば、暴行や傷害のケースは比較的犯罪類型が単純であり、例えば、被疑者が実際に暴行したかどうかが問題となりうるケースで、被疑者が酒に酔っていて覚えていない等という弁解をしていた場合、被疑者の諸事情を考慮したうえで、これで逃げ隠れはしないだろうという確信が持てれば、勾留請求を却下することもある。

（裁判官）

II-4-(5) 勾留決定と前科

　前科そのものを直接判断要素としている訳ではないが、実際上は前科（とりわけ累犯前科）の存否は判断に大きく影響する事項の1つである。すなわち、被疑者について前科が存在するということは被疑者の常習性につながる可能性があり、通常であれば比較的軽い処分に終わる犯罪類型であっても、累犯前科の存在によって重い処分になるケースが多い。そのために、前科がない場合と比べて逃亡のおそれがより強くなるものと考えられる。

　もっとも、前科の存在が影響するのは逃亡のおそれの要件との関係であるから、例えば前科がある中でも、身元がしっかりしていて、きちんと社会の中で仕事を続けている等といった事情があれば、勾留請求を却下するケースも多くある。

　他方、前科と異なり余罪を逃亡のおそれとつなげることはない。余罪が複数ありそうだから、逃亡のおそれがあると判断することは、認定されていない犯罪を理由として身柄拘束を行うことにつながりうるので、許されない（事件単位の原則）。

（裁判官）

II-4-(6) 勾留決定と身元引受人の存在

　身元引受人の存在は、裁判官において罪証隠滅や逃亡のおそれの有無の判断において大きく影響する。身元引受人がいないとなれば、裁判官は、罪証隠滅や逃亡のおそれについて何も保証を得られず、これらのおそれがないということについて確信を持ちづらい。

　もちろん、身元引受人といえども被疑者を常時監視できるわけではないが、身元引受人がいるということは、被疑者について、きちんと連絡ができる人が存在すること、釈放されることを望んでいる人が存在するということを意味する。その点では、仕事先の人物であってもよいと思う。

　裁判官は、身元引受人において被疑者を24時間監視することを期待しているわけではなく、その身元引受人が存在することによって、被疑者の意識がどう変わるだろうか、どう考えてくれるだろうか、というところに重点をおいて判断している。

　そういった意味では、監督能力のない身元引受人であっても、存在することに意味がある。例えば、高齢の母親が身元引受人になってくれたことで、勾留請求を却下する場合、被疑者がそれを裏切ってまで罪証隠滅や逃亡を行うだろうかということを考える。また、弁護人が身元引受人になるケースであっても、裁判官としては被疑者に対し、「先生が身元引受人になってくれたから釈放するからな。何かやったら先生の顔に泥を塗ることになるからな」等と話をすると、経験則上、反省して罪証隠滅や逃亡を行わない被疑者が多い。

（裁判官）

II-4-(7) 勾留決定と被疑者の否認

　裁判官としては、否認していること自体が判断に影響するというよりも、被疑者が犯行を認めていないとすれば、釈放した場合にどういったことを行う可能性があるのかということを考え、それが結果として罪証隠滅や逃亡のおそれに間接的につながってくる場合はある。

　したがって、仮に自白している場合であっても、情状に関わる事実との関係で罪証隠滅が想定できる場合であれば勾留を決定せざるを得ないし、否認している場合であっても、罪証隠滅の余地がないと考えれば勾留請求を却下することになる。

（裁判官）

II-4-(8) 勾留決定回避のための弁護活動

　勾留決定回避の場合についても、勾留請求回避の項（46頁）で述べたのと同様に、勾留の決定権者である裁判官に対して、勾留理由の不存在等を主張疎明することとなる。

　勾留請求回避についても同様であるが、これらの活動において弁護人に与えられた時間はきわめて短い。とりわけ、逮捕当日に当番弁護などで接見し、弁護人に選任されたケースにおいては、翌日には検察官送致がなされて勾留請求がなされ、翌々日には勾留決定が出てしまうため、それまでの間に、身元引受人と連絡をとったり、意見書を作成したり、検察官や裁判官との面接を行わなければならず、先を見越して速やかな弁護活動を行わなくてはならない。

　検察官や裁判官との面接については、面接の時間調整の問題もある。東京地裁刑事第14部のタイムスケジュールでは、勾留請求がなされた翌日の午前11時頃から勾留質問が始まり、順次、勾留決定がなされることとなるため、裁判官との事前面接を希望する場合は、午前10時頃から午前11時前までに面接が実現できるように活動しなくてはならない。

（弁護士）

ONE POINT ADVICE 8

勾留決定回避に向けた弁護活動について、裁判官から一言

　裁判官は事案ごとに個別の事情をみて、具体的な判断をしようとしている。したがって、弁護人から「こういう事件だから通常こうだろう」というような決めつけ的な内容での主張がなされても、裁判官としては、あまり判断に響かないというのが実情であり、弁護人が具体的な事情をどこまで把握しているか、どこまで関係者と連絡をとっているかということには常に着目している。

　弁護人の具体的な活動が今一つみえてこないときには、弁護人に電話をかけて、この弁護人はどこまで事情聴取をしているか、関係者にきちんと確認をとっているのかを質問することがある。時間が限られている中での弁護活動が難しいことは承知しているが、そういった地道な活動を踏まえてなされる主張は、裁判官にも伝わるし、内容も信用性を持ったものとなる。

　したがって、裁判官は、弁護人に対して、被疑者から事情聴取をすることはもちろん、関係者ともしっかり連絡をとって、具体的な事情を拾い上げ、裁判官をして身柄を釈放しても問題がないという確信を持たせるべく弁護活動を行ってほしいと考えている。

（裁判官）

II-4-(9) 勾留決定・却下を争う方法

　弁護人の立場から、裁判所によってなされた勾留決定を争う方法（不服申立ての手段）としては、準抗告がある（429条1項2号）。なお、準抗告申立てが棄却された場合には、特別抗告を申し立てることが可能である（433条1項、405条）。

　他方、検察官の立場からは、勾留請求却下に対して準抗告を申し立てることができる。この場合、被疑者が釈放されて所在不明になることを防ぐために、釈放命令の執行停止（424条1項但書・2項、432条）を併せて申し立てるのが一般的な運用である。

　また、勾留決定そのものを争う方法ではないが、身体拘束からの解放手段として、勾留の取消し（87条1項、207条1項）や、勾留の執行停止（95条、207条1項）がある。前者は、勾留決定後に勾留の理由・必要性がなくなった場合に用いられるのが一般的であり、例えば、勾留決定後に被害者との示談が成立した場合等に用いられる。後者は、被疑者の病気治療、近親者の冠婚葬祭等、一時的に身体拘束を解けば、一応の目的が達成される場合に利用されることがある。なお、被告人の勾留ではあるが、市長選挙の選挙活動のため、停止を求めた事例もある（広島高決昭和60年10月25日判時1180-161）。

（弁護士）

54　　II　捜査とは何か

Ⅱ-4-(10) 準抗告に対する裁判官の視点

　検察官からの準抗告と弁護人からの準抗告とで、要件の審査等において着目する点が変わることはない。

　もっとも、検察官からの準抗告は、被疑者の身体拘束の可否と関わる場面がほとんどであるため、事実上の問題として早く決定をしなければならないという側面がある。そのため、判断に時間をかけられないという意味では、裁判官にとって対応が難しいものだと思っている。

　準抗告段階で弁護人に求める活動については、おおむね勾留の項（52頁）で述べたのと同様である。勾留段階で行うべき弁護活動については、勾留決定がなされた後に行っても決して遅くないので、地道な活動を行ってほしい。例えば、身元引受人が存在することの価値などは述べたとおりであり（50頁）、そういった一見ちょっとしたことのようにみえることが分水嶺になる場合は多い。

　身元引受人については、弁護人の付いていないケースでは、裁判所から家族などに電話をかけ、身元引受人になってもらえるようにお願いすることも少なくないが、当番弁護や被疑者国選によって、弁護人が就任して家族との連絡などを行ってくれるであろうと期待される場合には、そういった弁護活動への期待も込めて勾留を決定する場合もあるので、弁護人はそのことを心に留めておいてほしい。

（裁判官）

Ⅱ-4-(11) 勾留延長決定回避の弁護活動

　勾留延長について「やむを得ない事由があると認めるとき」（208条2項）の要件があるか否かが、ポイントである。

　争い方としては、延長するか否かの判断前の検察官に対するアプローチ、延長請求に対し決定前の裁判官に対するアプローチ、準抗告という形となる。

　要件の有無は、弁護人としては、接見を通しての情報収集が最も重要である。捜査の進展状況、取調べの過程での警察官・検察官の発言等、接見以外では、身元引受人の確保、弁護活動としての示談の成否等である。

　勾留期間10日間という限られた時間の中での弁護活動であるが、タイミングも考えなければならない。

　検察官に対するアプローチを行うのは、勾留期間満了前の検察官取調べの前後のことが多い。裁判官に対するアプローチを行うのは、延長請求後速やかにである。ある意味、ピンポイントのアプローチとなる。

　弁護人としては、このピンポイントの弁護活動ができるように、接見において取調べの状況や予定を常に把握し、満期前は、いつでも面談に行けるように、予定を空けておくことが肝要である。

　事前のアプローチが功を奏さないことも予測して、準抗告の起案も準備しておくべきである。

（弁護士）

II-4-(12) 勾留理由開示制度

　勾留理由開示とは、勾留されている被疑者・被告人に対して裁判官が公開の法廷で勾留の理由を開示する制度である（82条1項、207条1項）。この請求をすることができるのは、被疑者・被告人のほか、弁護人、法定代理人、保佐人、配偶者、直系の親族、兄弟姉妹その他の利害関係人である（82条2項）。

　この請求は、同一事件による勾留中は、勾留が開始された裁判所において、1回しかできない（最決昭和29年9月7日刑集8-9-1459）。開示は公開の法廷で行われ（83条1項）、裁判官、裁判所書記官、被疑者・被告人、弁護人が在廷する（同条2項・3項）ほか、検察官も、出席することができる。

　法廷では、裁判官が勾留の理由を告げ、検察官または被疑者・弁護人等の請求者はこれに意見を述べることができる（84条）。

　意見陳述の時間は、各10分を超えることができないとされている（規85条の3第1項）。

　なお、実務上は、勾留理由開示の手続に先立ち、求釈明書の提出を求められ、あらかじめ裁判官に対する質問事項を明らかにしておかなければならないが、期日において求釈明書に記載していない事項についての質問をすることが認められることもある。

　勾留理由開示制度は、直接身体拘束からの解放につながるものではないものの、その後、勾留延長や勾留を争う際に、勾留理由開示における求釈明や意見の内容等が考慮されることもある。また、求釈明に対する裁判官の回答から、捜査機関が収集している証拠の状況が明らかになる可能性もある。また、公開の法廷で行われるため、接見禁止が付されている被疑者が、法廷で家族等の顔をみることができたり、家族等も被疑者の様子を知ることができたりするというメリットも存する。

II-5 取調べと接見

　被疑者の取調べは、捜査のメインイベントである。取調べにより、事案の真相を究明することとなる。刑事訴訟法の証拠体系が自白を中心として、構成されていることからして、証拠収集の中核は、自白の獲得である。今後、法改正により、新たな立証方法が確立するまでは、自白を中心に刑事訴訟は行われることとなる。

　一方、弁護活動のメインは接見による被疑者からの事情聴取である。被疑者に、被疑者の権利を伝え、取調べ状況や取調べ内容等を確認することができるのは、接見しかない。接見で得た情報をもとに弁護方針を立てることとなる。

II-5-(1) 被疑者の権利

　ここは、憲法の規定のおさらいである。適正手続の保障、令状主義、弁護人選任権、接見交通権、黙秘権、拷問禁止等、憲法 31 条以下を再読されたい。

　いずれの規定も、刑事訴訟法において、具現化されているので、刑事訴訟法も併せて再読されたい。

　取調べにあたっては、検察官は被疑者の権利を尊重する一方、弁護人は接見において、権利を説明し、また、取調べにおいて、黙秘権の告知等の権利告知がなされたかを確認しなければならない。

II-5-(2) 黙秘する被疑者に対する取調べ

　黙秘権は、憲法に由来する重要な権利であり、検察官としては、その趣旨を十分に理解して取調べにあたる必要がある。仮に、被疑者が黙秘権を行使した場合に、ただいたずらにそれを非難することは慎まなければならない。しかし、黙秘権は、取調べにおいて、黙秘権を行使している被疑者に対して、必要な問いを発して答えを求めることまでをも否定するものではないはずである。刑事訴訟法が、事案の真相を明らかにすることを目的としていることからしても、取調べにおいて、事案の真相を明らかにするために必要な問いを発して答えを求めて追及することは必要であり、検察官の責務であると思う。

　被疑者が犯人である場合、その自白ないし不利益供述は、事案の真相を解明するうえできわめて重要な証拠であることから、その供述を得ることの意味はいうまでもない。また、被疑者が自白することは、自らの罪と向き合い更生することにもつながるはずである。一方、仮に被疑者が犯人ではない場合（被疑事実の一部が真実とは異なる場合も含まれると思われる）であっても、その供述を得ることは、その裏付け捜査を行うことにより、被疑者の弁解が真実か否かを見極めることができるのであるから、無辜の者が起訴され、処罰されることを防ぐことにつながるものである。

　検察官としては、以上のような被疑者の供述を得ることの意味を踏まえて、黙秘している被疑者に対し、毅然とした態度で臨み、誠心誠意説得するなどして、供述することの意味を理解させるよう努めるべきと考える。

（検察官）

II-5-(3) 否認する被疑者に対する取調べ

　否認事件の中には、例えば、「欺すつもりはなかった」などと犯罪の故意を否認する事件もあれば、「まったく身に覚えがない」などと、自分は犯人ではないという主張（犯人性の否認）がなされる事件もある。

　いずれの場合も、被疑者の供述が真実なのか虚偽なのかを見極める捜査が必要であることには変わりがない。

　そのため、捜査の過程では、被疑者から言い分を詳しく聞いたうえで、その供述内容を念頭において、供述の裏付けがとれるか、あるいは、供述と矛盾する証拠はないかという捜査をしていくこととなる。

　特に、後者の犯人性の否認事件の場合、被疑者の言うことが真実であれば、真犯人が別にいることとなるため、無実の者を処罰することのないよう十分な捜査が必要となる。

　そのため、特に犯人性を否認している事件では、被疑者が犯人だと認定できる証拠の存否を十分に捜査することになる。そして、集められた証拠を慎重に検討し、被疑者が犯人に間違いないか、犯人は別にいる可能性があるかを判断しなければならない（例えば、こじ開けられた金庫に被疑者の指紋があっても、被疑者が過去にその金庫に近づく機会があった場合、別の機会に指紋が付いた可能性があるため、そういった機会の有無まで捜査し、慎重に判断する必要がある）。

　そのような証拠収集を行う一方、被疑者の取調べも並行して行う。被疑者が否認して真実を語ろうとしない場合でも、粘り強く取り調べ、真実を語るよう説得することは不可欠である。被疑者が否認したままでは刑事訴訟法の目的である事案の真相を明らかにすることが阻害されることになるし、自己の犯した犯罪から目を背けず、反省の気持ちを持ってもらうことが再犯防止につながるためである。

　否認する被疑者に真相を話す気持ちを持ってもらうというのは容易ではないが、被疑者の立場に立ってみて、どうすれば真実を話す気持ちになれ

II-5　取調べと接見　　61

るかを考える。相手が反感を抱くような態度で接したのでは、誰も真実を話そうとは思わないはずである。そのため、取調べを通し、被疑者から「この人になら何でも話せる」と思ってもらえるような雰囲気を作れるかが1つの鍵になると考えている。

（検察官）

ONE POINT ADVICE 9

取調べの極意―ある検事の独り言

　取調べを行う際には、検察官が、当事者の視線で、追体験を行うべきである。追体験をして、リアルな状況を解明すべきである。

　ある検事は、「取調べは、怖いです。ここぞという取調べのときには、座禅を組んで、水をかぶって、酒を断って臨んだものです。自白を獲得してガッツポーズをとるようなことはありえません。斬り合いをした相手が倒れているのをみて、むなしい風が吹き、懐から数珠をとり出して相手を拝む、そういう心境です」という。私も、そのとおりだと思う。私は、取調べの前には、黙想をして心の整理をする。

　さて、被疑者の自白がなければ不起訴とせざるを得ないという証拠関係のもと、私のことを信頼して自供したうえ、余罪等をも自供するに至ると、「被害者のためになった」という気持ちと「結果が重くなってしまった、私が担当でなければ被疑者勾留で終わったのに」というむなしい風が吹くこともある。

　私が心掛けていることは、まずは、取調室の整頓や、清掃である。乱雑な空間では、落ち着いて話すことができない。

　また、被疑者の家族や経歴等について作成された身上調書等のパーソナルデータを把握することがきわめて重要である。被疑者の人物像を読み解くこと、相手を理解することが必要である。

　さらに、私は、被疑者の年齢や性別、社会的地位によって区別せず、基本的には〇〇さんと呼びかけている。検察官も人ならば、被疑者も人である。人が人と対するのが取調べである。被疑者に怯える必要はないものの、丁寧に聞くことで、被疑者も落ち着いて丁寧に話すようになるようである。

　被疑者の反省の弁を聞けば、被害者や関係者を安心させることができるし、被疑者の更生のためにも、事実と向かい合った供述を引き出すことは重要だと思う。

(検察官)

II-5-(4) 被疑事実を認めている被疑者との接見

　被疑者が被疑事実を認めている場合、弁護人としては、まず、本当に認めているのか、身代わりではないのかを、確認する必要はある。ただし、弁護人は、この段階では証拠をみることができないので、裏付けの有無を客観的に検討できない。被疑者の話を丁寧に聴取し、不合理な点、矛盾点がないかを確認することとなる。

　そのうえで、真実認めているのであれば、違法性阻却事由、責任阻却事由を確認し、さらに、情状立証に向けた弁護活動を検討することとなる。例えば、示談を成立させたり、情状証人を立てたりすることである。また、捜査の進捗状況から、勾留延長の必要性の有無、起訴後の保釈の可能性なども検討することとなる。

　なお、取調べが違法・不当でないかの確認も当然必要である。

（弁護士）

II-5-(5) 否認している被疑者との接見

　客観的な証拠はそろっていると思われる事件であっても、被疑者が否認を貫こうとする場合がある。弁護人としては、否認を続けた場合の見通しや自白に転じた場合の見通しを被疑者に説明し、それでもなお否認か、自白か、被疑者に判断させるべきこともある。

　一方、客観的な証拠がなく、被疑者が否認している場合、どの部分が争いとなるのかを見極めなければならない。例えば、アリバイなのか、被害額なのか、故意なのか、等である。

　争う部分により、立証方法が異なるのであるから、弁護人としては、その反証をどのように準備するかを検討することとなる。

　今一つ重要なことは、供述調書の被疑者の署名押印に対する説明である。否認調書であっても、署名押印がなされると、法廷に提出される可能性がある。署名押印を拒否しないと、否認が貫けないことを懇切丁寧に説明すべきである。加えて、黙秘権の行使も必要な場合がある。

（弁護士）

ONE POINT ADVICE 10

弁護人の真実義務と誠実義務の相克

　弁護士の真実義務、誠実義務、守秘義務との関係は、非常に悩ましい問題である。被疑者から、「本当はやっているが、否認したい」と相談された場合に、弁護人としては、あちらを立てればこちらが立たず、というジレンマに陥ることになる。正解はないかもしれない。

　否認している被疑者が、客観的証拠に納得して、自白した場合には、問題は解決するが、あくまで、否認を貫く場合は、被疑者と心中するか否か、の選択を迫られる。

　私選であれば、辞める手もあるが、国選の場合、守秘義務との関係で、辞める理由について、「弁護方針の違い」程度の抽象的なことしかいえない。困った問題である。

（弁護士）

II-5-(6) 黙秘している被疑者との接見

　被疑者によっては、弁護人から何のアドバイスもなく、黙秘を貫く人がいる。ただし、これは、きわめて希有な例である。

　通常は、黙っていることは難しく、何かしゃべってしまうことが多い。犯行事実に直接関係のない身分関係などは、捜査機関側から、「話をしても問題ないでしょう」等と言われると、被疑者はついつい話し出してしまうことが多い。接見で確認すると、今日の取調べは世間話をしました、等という言葉を聞くことがある。これは半分落ちかかっている。

　弁護人としては、日々接見のうえ、何を黙っているべきか、何は話していいのか、個別具体的な指示を行わなければならない。

　併せて、供述調書の署名押印の拒否も徹底させることになる。

(弁護士)

II-5-(7) 違法な取調べが推測される場合の接見

　接見において、被疑者から、警察官に殴られた、蹴られた等、自白の任意性・信用性に問題のある事実を告げられた場合は、その状況を詳細に記録するとともに、記録を残すために、例えば、聞き取りのメモに公証役場で確定日付をとることが考えられる。また、直ちに抗議したり、抗議文を内容証明郵便で送ったりすることも一手である。

　被疑者が暴行を加えられて怪我をしているような場合は、可能であれば、その場で写真撮影をして記録すべきである。また、179条1項に基づき、裁判所に対し、被疑者の身体を検証対象とする証拠保全請求を行うことも考えられる。

　なお、当然のことであるが、自白の任意性・信用性に問題が生じる行為を理解しておくことは大前提である。被疑者の不平不満のすべてが抗議対象ではない。

（弁護士）

II-5-(8) 被疑者からの要請に対する注意点

　接見（特に接見禁止が付いている場合）において、弁護人は、被疑者から外部との連絡取次ぎや物品差入れなどの依頼をされることがある。

　これらの行為について、まず、検討すべきことは、証拠隠滅に当たらないかである。当然、なぜそのような依頼を求めるかは確認することとなるが、もし、少しでも、証拠隠滅が疑われるときは、明確に断るべきである。

　逆に、被疑者の知人・友人と称する人から、「○○」を伝えてほしいという頼みごとがなされることもある。これも同様であるし、そもそも、知人・友人は依頼者ではない。

（弁護士）

II-5-(9) 接見の極意

　自分の旧来の知人・友人が逮捕された場合はともかくとして、初めて会う被疑者から、いかに事実を聞き出すかの極意は、抽象的には、被疑者との信頼関係の構築ということになろう。しかし、短い期間で、どうすればよいか。ベターな方法は、端的に、回数を重ねることであろう。下手な鉄砲も数打ちゃ当たる、である。

　本当は、被疑者の現在の状況から、ベストの弁護方針を立て、それに向けて邁進することであるが、これはきわめて難しい。

　ただ、間違いなくいえることは、法律知識を前提に、聞く力、聞き出す力が重要なポイントになるということである。そのためには、経験がどうしても必要になる。

　なお、信頼関係の構築のために、被疑者に媚びへつらうことはやめたほうがいい。使い走りと評価される。

（弁護士）

ONE POINT ADVICE 11

接見禁止が付いていたので、被疑者との接見に行かなかった弁護士

　受任した被疑者国選で、接見禁止が付いていたので、接見に行かなかった弁護士がいたらしい。本人いわく、接見禁止だから。理由を聞いた弁護士は、開いた口が塞がらなかった。

　説明するまでもないが、弁護人との接見交通権は、被告人に与えられた憲法上の権利であり、時間的な制限を受けることはあっても、弁護人との接見自体を禁止することはできない。受験中の不勉強が原因であろうが、本人は、接見しないで、弁護活動をどのようにするつもりだったのであろうか。

（弁護士）

II-6 録音・録画制度

　取調べの録音・録画制度とは、一つは、身柄拘束下の取調べの過程を録音・録画しなければならないという捜査に対する規制であり、今一つは、被告人の捜査段階での供述の任意性の立証には上記録音・録画された記録媒体の取調べによるという立証方法の規制である。新たな制度であり、今後、施行後の検証も予定されている制度であり、未だ多くの問題点も内包していることに留意する必要がある。

II-6-(1) 取調べの録音・録画制度の問題点

　平成 28 年の刑事訴訟法改正において、裁判員裁判対象事件と検察官独自捜査事件における身体拘束下の被疑者取調べについて、録音・録画が義務付けられるようになった（301 条の 2 第 4 項）。

　このような録音・録画制度で、近時問題となっているのは、録音・録画の実質証拠化（検察官が、録音・録画自体を不利益供述として証拠調べ請求すること）である。

　この点に関して判断した裁判例においては、理由中に「被疑者の取調べ状況に関する録音録画記録媒体を実質証拠として用いることの許容性や仮にこれを許容するとした場合の条件等については、適正な公判審理手続の在り方を見据えながら、慎重に検討する必要があるものと考えられる」（東京高判平成 28 年 8 月 10 日高刑集 69-1-4）と判示されており、録音・録画の実質証拠化を検討するにあたり、参考となるものである。

Ⅱ-6-(2) 検察官は録音・録画制度の導入にどう対応するか

　平成 28 年の刑事訴訟法改正により、裁判員裁判対象事件等一定の事件について、身柄拘束された被疑者取調べの録音・録画が義務付けられ、公布後 3 年以内（2019 年 6 月 2 日まで）に施行されることになった。ただし、検察の現場では、同改正の前から、裁判員裁判対象事件を含め、身柄事件の多くについて被疑者取調べの際の録音・録画を実施する運用がなされている。

　録音・録画下における取調べであっても、取調べの基本に変わりはなく、送致記録を精査し、事案解明のうえでポイントとなる事項をピックアップし、発問事項を練って取調べに臨んでいる。

　録音・録画下の取調べでは、問答が逐一記録されるので、発問を簡潔にし、できるだけオープンクエスチョンを発するなどして、被疑者が自分の言葉で語れるよう発問の仕方を工夫し、供述の信用性確保に努めている。

（検察官）

II-6-(3) 弁護活動における録音・録画制度

　被疑者取調べの録音・録画制度に関しては、実質証拠化を危惧して、弁護人としては、被疑者に対し、原則として、黙秘権の行使を指示し、状況をみて、例外的に、その一部ないし全部の解除を指示すべきである、という提案がなされている。

　一方、あくまで任意性の問題にとどまるとして、特段、従前からの弁護活動に影響がないとする考え方もある。

　いずれの立場にしても、弁護人としては、接見時に、録音・録画制度の説明が必要となることは確かである。

（弁護士）

III 公訴とは何か

　わが国において訴追を行うのは国家機関である検察官である。被害者等の私人による訴追は認められていない。これを国家訴追主義という（247条）。そして、国家機関のうち検察官のみが訴追活動を行うことができる。これを起訴独占主義という。

　犯罪の嫌疑があっても、犯人の性格・年齢・境遇、犯罪の軽重・情状、犯罪後の情況に鑑みて、訴追の必要なしと判断する場合、検察官は訴追をしなくてもよい。検察官には起訴・不起訴の判断について裁量が与えられているのである。これを起訴便宜主義、あるいは裁量訴追主義という（248条）。

　検察官が訴追を行うためには、起訴状を提出することが必要である。起訴状には、被告人の氏名等、公訴事実、罪名が記載される（256条）。起訴状には公訴事実という犯罪事実が記載されるが、これはあくまでも検察官側の主張でしかない。検察官が主張する犯罪事実の存否は、公判における攻撃防御の結果、判明するものである。裁判官は公正中立な第三者として検察官と被告人の主張に耳を傾ける立場にあるため、事件について予断を持たずに裁判に臨まなければならない。そのため、起訴状には裁判官が予断を抱くことになるような情報を記載してはならないのである（同条6項）。これを起訴状一本主義という。

（安井哲章）

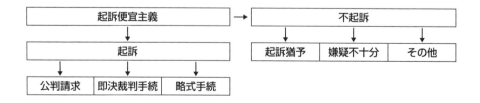

III-1 起訴に関連する制度について

　検察官は、司法警察員からの送致または送付、自らの直受または認知等により受理した事件を処理する。検察官の事件の処理には、終局処分と中間処分があり、終局処分には公訴の提起（起訴）と不起訴処分がある（起訴独占主義）。

　起訴は、検察官が裁判所に対して起訴状を提出して特定の刑事事件について審判を求める意思表示を内容とする訴訟行為かつ終局処分であり、公判請求と呼ばれる。検察官が公判請求以外の方法により審判を求める方法としては、即決裁判手続、略式手続、交通事件即決裁判手続などがある。

　これに対し、検察官が、公訴を提起しない終局処分をする場合、不起訴裁定書により不起訴処分の裁定を行う。不起訴処分は、訴訟条件を欠く場合、被疑事件が罪とならない場合、犯罪の嫌疑がない場合になされるほか、犯罪の嫌疑がある場合であっても、検察官が、犯人の性格、年齢および境遇、犯罪の軽重および情状ならびに犯罪後の情況により訴追を必要としないときにも行われる（起訴便宜主義。248条）。

　検察官が行った処分については、被害者等通知制度により被害者に通知されるほか、不起訴処分を行った場合には、被疑者であった者に対しても、請求により不起訴をしない処分の通知がなされる。その他、公訴を提起しない処分に対しては、様々な救済制度がある。

III-2 起訴・不起訴

　従前は、有罪立証ができるか否か、起訴猶予とは何か、という点が主な問題点であったが、今般、捜査・公判協力型協議・合意制度の施行により、さらに、検討すべき課題が増えた。いわゆるアメリカの司法取引と全く同様の制度ではないが、今後の運用を含めて、注目すべきである。

III-2-(1) 起訴状作成のポイント

　起訴状の「公訴事実」作成のポイントには、①訴因を特定するに足る十分かつ具体的な記載をすること、②できるだけ簡潔でわかりやすい表現を用いること、③疑義を生じない正確な文章で記載すること、などがある。

　①について、256条3項前段の趣旨は、訴因を明示して審判対象を明らかにするとともに、被告人の防御の範囲を示すことにあり、同項後段が定めるとおり、「できる限り」日時、場所および方法等を特定する必要がある。具体的には、六何の原則に従い、ⓐ誰が（主体）、ⓑいつ（日時）、ⓒどこで（場所）、ⓓ何をまたは誰に対し（客体）、ⓔどのような方法で（方法）、ⓕ何をしたか（行為と結果）などを具体的に記載する。ただし、前記ⓐないしⓕのすべてを具体的に記載することが困難な事案もある。この場合、被告人が犯罪を犯したことの証明が十分にできるものの、その日時、場所、方法等が不明な場合には、ほかの犯罪事実と識別できる限り、ある程度概括的または択一的な記載によって訴因を特定することもやむを得ない（最大判昭和37年11月28日刑集16-11-1633等参照）。②は、原則として「常用漢字表」（平成22年11月30日付け内閣告示第2号）記載の漢字を使用し、難解な表現は避け、一般人にもわかりやすい表現を用いる必要がある。特に、特殊な用語や言い回しは避ける。③は、例えば、文章の前に出てきた人名や場所が複数ある場合に、「同人」や「同所」ではなく、「前記○○」と記載するなど疑義を生じないようにするということである。

　なお、起訴状作成にあたっては、「起訴状一本主義」や「予断排除の原則」との関係で、余事記載をしてはならず（256条6項参照）、例えば、「前科」については、常習累犯窃盗罪など前科の存在自体が構成要件事実となっている場合や、前科があることを利用して恐喝した場合などを除き、通常は起訴状に記載すべきではないとされている。

（検察官）

III-2　起訴・不起訴　79

ONE POINT ADVICE 12

起訴状から読み取る否認事件

　訴因の特定で必ず学習する判例（最決昭和 56 年 4 月 25 日刑集 35-3-116）にみられるように、覚せい剤の使用事犯で、使用期間の特定が、1 週間程度の間となっている場合は、否認あるいは黙秘が推認される。

　要するに、訴因の特定が、ほかの事件と比べて、広範囲あるいは不十分と思われる事件は、否認の可能性が大である。

（弁護士）

III-2-(2) 否認事件の起訴のポイント

　否認事件を起訴するポイントとして、次の点を挙げることができる。

　基本的な姿勢として、「無実の者を罰してはいけない」「真犯人を逃して処罰を免れさせてはいけない」という点が重要である。犯罪を行っていない者を起訴してはならないのは当然であるが、否認する被疑者を安易に不起訴にすることにより、同じように犯罪を行った者のうち、自白して事実を認める者が処罰を受け、否認して事実を認めない者が処罰されないといった不公平を生じさせてはならない。

　そして、捜査によって収集した証拠のうち、証拠能力、証明力がともに認められる証拠をもとにして、被疑者が犯人であること（犯人性）および犯罪事実の内容等を、合理的な疑いを超える程度に立証できるかどうかを判断し、立証できると判断すれば起訴をすることになる。

　この判断の留意点として、まず、被疑者の弁解を除いたほかの証拠から、犯人性および犯罪事実の内容等を認定できるかを確認すべきである。その際には、客観的証拠の意味付け、供述証拠の信用性等を吟味するとともに、証拠により認定できる事実が犯罪事実そのものでなく、犯罪事実を推認させる事実（間接事実）である場合には、その推認過程が合理的であるか否かも十分に吟味すべきである。この検討にあたっては、犯人性・犯罪事実を認定する方向に働く積極面だけに目を向けるのではなく、消極面にも着目し、これが犯人性・犯罪事実の認定の障害になるか否かを十分検討しなければならない。

　この検討が済んだうえで、さらに、被疑者の弁解を否定できるかを検討する必要がある。証拠等により被疑者の弁解を否定できず、犯人性・犯罪事実の存在に合理的な疑いが残るのであれば起訴してはならない。

　なお、被疑者の弁解を弾劾・否定し、虚偽であることを明らかにするよう努めるべきであるが、それだけで事実が立証できるわけでないことには注意すべきである。

（検察官）

ONE POINT ADVICE 13

告訴状の書き方

　告訴状のポイントは、①罪となるべき事実の記載がきちんとなされているか、②逮捕状が請求できる程度に証拠が準備されているか、である。
　①は、起訴状における訴因の特定が参考になろうし、②は、逮捕状請求の際にどの程度の証拠が添付されているかが、参考になる。そんなことをどこで勉強するのかという問いかけがありそうだが、司法研修所の検察講義あるいは実務修習中に触れる機会はあったはずである。自分は弁護士になるから関係ない、と高を括っていた人はここでしっぺ返しを食らう。

(弁護士)

ONE POINT ADVICE 14

詐欺罪の告訴状

　弁護士として、告訴を依頼されることがある。事件として多いのが、債務不履行に関連して、「だまされた、刑事告訴してほしい」というパターンである。「オレオレ詐欺」のような典型的なものであればともかくとして、契約書が存在しているような、形式面が整っている場合に、いかに、立証するかが問題となる。
　まず、詐欺罪の構成要件であるが、①欺罔行為、②錯誤、③処分行為、④財物の取得という流れが、客観面として、因果の流れであると認められると同時に、主観面において、故意が必要であることには説明を要しないであろう。もし、告訴の対象となる犯罪について、十分理解していなければ、定評のある注釈書を熟読されたい。
　そして、最も問題となるのが、「だますつもりはなかった」「返すつもりだった」という、故意の否認である。告訴の段階で、本人の供述が確認できることはまれであり、仮に確認できたとしても、警察の事情聴取においては、否認される可能性がきわめて高いのが現実である。
　そこで、間接事実からの故意の立証ということを検討しなければならない。事件により、個別具体的な事実の積み重ねとなるが、虚偽の事実があったのか、履行の可能性があったのか、返済の可能性があったのか、等々、依頼者に確認できる事項を含めて、多角的な検討を要する。
　中途半端な告訴状では、警察が受領してくれないし、いい加減な告訴をすれば、虚偽告訴罪で反撃される。

（弁護士）

III-2-(3) 起訴回避を目指す弁護活動（自白事件）

　被疑者が被疑事実を認めていても、被疑事実によっては、示談等により、起訴猶予となる可能性が残っている。軽微な財産犯、条例違反（例えば、痴漢）、等である。

　ここでの最大のポイントは、弁護人は、担当検察官との面談で、どのような証拠（示談書、被害者の宥恕、再犯のおそれのないこと等）をとれば、起訴猶予の可能性があるかを確認することである。当然ではあるが、担当検察官は、可能性を示唆することはあっても、確約はしてくれない。しかし、可能性は示唆してくれることがあるので、必ず、確認すべきである。可能性があるのであれば、求められた証拠を確保するために、努力をすることとなる。示談が成立すれば、示談書を提出することとなる。短い期間の中で、示談とならない場合もあるが、経過を上申することも怠ってはいけない。

　なお、担当検察官が、何があっても、起訴猶予はないことを示唆してくれることもある。その場合は、求刑を下げる方向や、起訴後の執行猶予を視野に入れての弁護活動となる。

（弁護士）

III-2-(4) 起訴回避を目指す弁護活動（否認事件）

　被疑者が否認している場合、まず黙秘権の十分な説明をすることは当然として、被疑者に、たとえ否認している内容でも、調書に署名押印した場合は、証拠として提出されることを、認識させる必要がある。

　弁護人としては、連日接見のうえ、その日の取調べ状況の確認が必須であろう。

　さて、問題は被疑事実である。例えば、覚せい剤の使用であれば、尿検査の結果が出ているから、尿の採取方法と、否認の内容をよくよく確認する必要がある。違法収集ではないか、他人の尿の可能性はないか、覚せい剤と認識して使用したか、等である。「頭痛薬として飲んだ」、などという否認がなされることがあるが、なぜ、医者に行かなかったか、市販の頭痛薬を飲まなかったのか、どこで買ったのか、誰にもらったか、等々、微に入り細に入り、確認する必要がある。同じ質問を、警察官・検察官もしているので、聞き方を間違えると、被疑者に不信感をもたれるので、注意が必要である。被疑者の供述に合理性が認められれば、弁護人としては、徹底的に争うこととなる。

　被疑事実が詐欺事件の場合、欺罔の故意という主観面が問題となるので、未必の故意も含めて、自白させないことがポイントであるが、客観的証拠から、故意が推認されないか、という、間接事実への配慮を忘れてはいけない。後発的事情で債務不履行となったか、返済の可能性はあったか、欺罔行為に虚偽の事実は含まれていないか、入手した財物・金銭をどのように使用したか、同種前科はないか、等々である。共犯者がいる場合は、共犯者の自白の吟味が必要となる。ちなみに、いわゆる詐欺師は、かなり弁解が上手なので、弁護人もだまされることがある。美辞麗句には要注意である。

　また、正当防衛、責任無能力なども、問題となることがある。これらについては、要証事実が何かを十分吟味しよう。

（弁護士）

ONE POINT ADVICE 15

認定落ちの起訴に向けた弁護活動─例えば、殺意の否認

　殺人か傷害致死か、強盗か恐喝か、等、逮捕事実の認定落ちに向けての弁護活動がある。殺すつもりはなかった、とか、反抗を抑圧しない程度に脅かしただけだ、とかである。

　いずれも、客観的証拠から、故意を認定したり、脅迫の程度を認定したりするので、過去の判例にみられる殺意の認定、脅迫の程度の認定を踏まえて、弁護方針を立てることとなる。被疑者との接見では事情が把握できない可能性もあるが、凶器は何か、動機は何か、等々ポイントになることを確認しよう。

　裏技ではないが、財産犯の場合、示談をして被害弁償をし、強盗罪を恐喝罪に落としてもらったり、恐喝罪を脅迫罪に落としてもらったりした例もあるらしい。

（弁護士）

# 起訴回避を目指す弁護活動（違法捜査）

　違法捜査の立証が可能であることが前提であるが、違法捜査により、証拠能力がなくなる証拠を見極めて、その他の証拠で、起訴が可能であるかを検察官に突きつけることとなる。

　なお、明らかな暴行等で、特別公務員暴行陵虐罪（刑195条）に当たるような場合は、まず、その件につき、告訴・告発の手続をしておくべきである。

（弁護士）

III-2-(6) 捜査・公判協力型協議・合意制度の運用指針

　合意制度は、新たな証拠収集手段であり、この制度の活用により、これまで事案の解明が困難であった組織犯罪等に対する有効な捜査手法となり得る。

　その一方で、立法過程において、虚偽供述による巻き込みの危険が指摘されており、法律上、弁護人の関与、合意内容書面の取調べ請求の義務付けによる他人の公判での弾劾、虚偽供述の罪の制定など、種々の手当がなされているが、合意に基づく供述の信用性が判決で否定される事態が生じれば、制度に対する国民の信頼が損なわれることになりかねない。

　また、制度を安易に利用することとなれば、多くの被疑者・被告人が合意を求めるようになり、合意によらずに捜査・公判協力を得ることができなくなるなど、急激に捜査を困難化させるおそれも懸念される。

　そのため、検察庁は、裏付け証拠が十分にあるなど積極的に信用性を認めるべき事情がある場合であるとともに、本人の事件について処分の軽減等をしてもなお、他人の刑事事件の捜査・公判への協力を得ることについて国民の理解を得られる場合でなければ、制度を利用すべきではなく、慎重な姿勢で施行に臨むこととしている。

　さらに、制度の施行から当分の間は、制度の利用に当たっては、地方検察庁の検事正は高等検察庁の検事長の指揮を受けることとし、さらに高等検察庁としても最高検察庁と協議することとして、制度の運用に慎重を期するとともに、全国的なバランスを図ることとしている。

　法律上、協議における供述に基づいて得られた証拠には証拠能力の制限が及ばないところ、このような派生証拠を入手後に検察官が一方的に協議を打ち切り、その派生証拠を立証に用いるといった不誠実な対応は厳に避け、当事者の信頼を得られる制度運用を目指している。

　検察庁は、現在の刑事司法と調和させながら、制度の運用実績を積み重ね、時間をかけて制度を定着させていくことを考えている。　　　（検察官）

88　　III　公訴とは何か

|||-3 保釈

　保釈請求は、起訴後の弁護活動のメインの1つである。身柄拘束という被告人の基本的人権の制限から、解放する手続である。たとえ、被告人に将来実刑判決が出て刑務所に収監される可能性があるとしても、本来、被告人無罪推定の原則や任意捜査の原則からは、起訴後の身柄拘束は例外的措置と捉えて問題はない。弁護人としても、被告人と公判に向けて打ち合わせ等の準備をする場合、身柄拘束されているか否かで、当然違いがある。身柄拘束されていなければ、被告人の精神的肉体的負担がないのはもちろんのこと、打ち合わせ時間や場所も柔軟に対応できることとなる。したがって、どのような請求によれば保釈となるかは、弁護人として知恵を絞るべき問題である。

III-3-(1) 保釈の請求に関する留意点（自白事件）

　保釈とは、保証金の納付等を条件として、勾留の執行を停止し、被告人を身体拘束から解放する制度で、権利保釈（89条）、裁量保釈（90条）、義務的保釈（91条）がある。権利保釈では89条各号の定める事由がない限り保釈を許可しなければならないとされているため、実務的には、まず、権利保釈が認められないかを検討することとなる。

　自白事件であっても、60条1項2号を理由として勾留されていることが多いため、保釈を申し立てる場合には「被告人が罪証を隠滅すると疑うに足りる相当な理由」（89条4号）がないことを具体的に主張疎明する必要がある。また、権利保釈が認められない場合、例えば、89条1号に該当する重大な犯罪類型で、かつ実刑判決の可能性がきわめて大きいような場合でも、「その犯情に加え、身上関係が安定していることや、具体的に想定される罪証隠滅の余地、これが終局判断に及ぼす影響、被告人が罪証隠滅に及ぶ主観的な意図等がそれほど大きくないことその他の事情を考慮して、保釈が認められる場合もある」（松尾浩也監修『条解刑事訴訟法〔第4版増補版〕』（弘文堂・2016）189頁～190頁）ので、あきらめずに保釈の請求をすべきである。

（弁護士）

III-3-(2) 保釈の請求に関する留意点（否認事件）

　勾留の判断と同様、裁判官は許可の是非を否認か自白かのみで判断をしている訳ではなく、否認か自白かを踏まえ、判断時の公判や証拠の状況を考慮したうえで、逃亡や罪証隠滅のおそれの有無を判断している。ただ、否認の場合、「被告人が罪証を隠滅すると疑うに足りる相当な理由がない」と判断しにくくなり、検察官からも、罪証隠滅のおそれがある旨の意見が表明されることが多いので、裁判官としては、検察官の主張を踏まえて判断することとなる。

　弁護人は、検察官の意見に対して、弁護人としての主張がかみ合うように主張することを、心掛けるとよいだろう。

（弁護士）

III-3-(3) 保釈請求のタイミングに関して考慮すべき点

　被疑者については保釈が認められない（207条1項但書）ので、保釈は、第一審における公判請求後、被告人としての勾留が開始された時から請求が可能となる。

　裁判官は、被告人による犯罪事実の認否の状況や公判の進行状況等を踏まえて、逃亡や罪証隠滅のおそれの有無を判断している。

　弁護人としては、起訴後直ちに保釈請求をするか、進行状況を踏まえて保釈請求をするかは、個別に判断せざるを得ない。執行猶予相当事案であれば、迷わず保釈請求、かもしれないが、実刑か否か微妙な事件であれば、敢えて保釈請求をせずに、未決勾留されていることを情状として利用することも考えられる。実刑相当事案でも、保釈の可能性はあるので、将来の収監が予測できるのであれば、逆に、保釈を認めてもらうことも大事な弁護活動である。

　なお、追起訴が予想される事件の第1回公判前に保釈請求をする場合には、仮に起訴された事件についての保釈が認められても、再逮捕などにより起訴前勾留がなされ、保釈が無意味となる場合もあるので、将来の捜査の見込みについて検察官と密に連絡をとっておく必要がある。

　また、第一審で実刑判決を受けた場合、実刑判決により保釈の効力が失われるため（343条前段）、控訴をする場合であっても、条文上はいったん身体拘束を受けたうえで速やかに再保釈の手続をしなければならなくなる。

　被告人の公判への出頭が必要的でない控訴審判決時に再保釈中の被告人を出廷させ、実刑の棄却判決を受けると、条文上は即時に身体拘束を受けることもありうるので、弁護人としては、実刑判決が見込まれるときには、保釈中の被告人を出頭させるか否かも含め、事前に十分に検討すべきである。

（弁護士）

III-3-(4) 保釈制度に関する外国人の誤解

　外国においては、被疑者段階での保釈が認められたり、保釈が当然の権利として認められたりする制度を採用する国もある。

　外国人事件の弁護人として活動する際には、日本の制度と被告人の母国の制度との違いを理解したうえで日本の制度を説明し、被疑者段階では保釈が認められないこと、被告人段階になっても当然に保釈が認められるわけではないこと、外国人の場合、しっかりとした身元引受人がいないと逃亡のおそれを肯定される可能性が高く保釈が困難なことがあること、保釈された場合でも、入国管理局との行政手続の関係で適法な査証（ビザ）がないと入国管理局から身体拘束を受ける可能性があること、など、日本人の場合と異なる留意点があるので、十分に事前調査を行い、事前に被告人に説明をすることが必要である。

（弁護士）

Ⅲ-3-(5) 検察官の保釈意見の基準

　被告人は、通常、60条1項2号該当性もあるとして勾留されているため、権利保釈の除外事由を定めた89条4号該当事由（「被告人が罪証を隠滅すると疑うに足りる相当な理由があるとき」）がないというケースは、多くはない。また、公判段階に入り証拠開示がなされることに伴って、被告人が知りうる証拠関係に関する情報（いわば隠滅対象情報）は、格段に増えるとともに具体化される。ただ、犯罪事実に関する被告人の認否、捜査中における言動、接触可能な関係者や証拠物の数、公判立証の段階等によって、60条1項2号該当性（主観面・客観面合わせて）には相当に幅があるため、その幅や同条のその他の各号要件該当性を考慮する必要がある。

　さらに、裁量保釈に関しては、90条に規定された考慮要素につき、捜査・公判の過程を通じて検察官が収集した情報や事実上知りえた情報をもとに具体的に検討している。

　以上のような点を踏まえ、各事情が裁判官に具体的に伝わるようにしながら、事案ごとに強弱・濃淡を付けて、保釈の許否に関する意見を述べている。

（検察官）

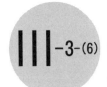# III-3-(6) 保釈請求に関する裁判官の着眼点

　裁判官が保釈を判断する際の着眼点は基本的には勾留請求と同様で、まず重要なのは事件類型である。そのうえで、家族関係やいろいろな事情から、「この被告人は逃げないだろうし、罪証隠滅もしないだろうな」という確信が持てるかどうかがポイントとなる。

　例えば、組織的な詐欺などで必ず実刑が予想されるというような事案でも、弁論が終わって結審まで手続が進んでいたら保釈を許可することがある。それは、家族や身内がしっかりしていて、これまでの公判期日においてもきちんと謝罪や反省をしている心証がとれていて、罪証隠滅も逃亡もないだろうと思えるからである。そういった心証のもとで保釈を許可して、逃亡した被告人はほとんどいない。皆、きちんと出頭して服役している。

　したがって、弁護人においては裁判官がそういった確信を持てるように弁護活動をしてほしい。

（裁判官）

Ⅲ-3-(7) 検察官の保釈意見に対する弁護人の対応

　保釈請求が出された場合、裁判官から検察官に対して意見を聞く。意見としては、「相当」や「しかるべく」というのもあるが、多くの場合は「不相当」という意見が出される。

　もっとも、裁判所としては検察官の意見書を見て、検察官が立場として「不相当」と述べているのか、真に不相当というべき事情があるのかという部分を考えることになる。そのうえで、保釈の許否を判断することになる。

　この点について、検察官の意見が出た場合、裁判所書記官から弁護人に連絡があることが多いから、弁護人としてはそれを直ちに裁判所に確認しに行き、不相当意見の原因について何らかの反論をすべきである。保釈の許否に関する決定が出てから不服申立てをするのでは、時間がかかるので、検察官意見に反論があれば、決定が出る前の段階で主張すべきである。

（裁判官）

III-3-(8) 保釈に関する最近の傾向

　保釈の許可率は、一時期下がっていたが、最近上がってきている。東京地裁の場合、第1回公判期日前の段階でだいたい60％は許可されている。また、第1回公判期日後になると、逃亡のおそれだけでは保釈請求を却下できないので、罪証隠滅のおそれの有無をかなり具体的に考えることになる。その結果、第1回公判期日後は昔に比べるとかなり保釈が許可されている。累犯前科のある被告人でも保釈が許可されるケースはかなりある。

（裁判官）

III-3-(9) 保釈を許可しづらい事案とは

　保釈の許否は事件類型と大きく関わり、そのほかには事件の見通しが大きく関わる。勾留請求の場合とおおむね一緒である。

　もっとも、保釈の許否とは少し異なる視点であるが、保釈を許可しても再逮捕等があってあまり意味がないというケースもあり、そういった場合には検察官に事実関係を確認したうえで弁護人に対して保釈請求を維持するかを確認することもある。そこで、弁護人としては、あらかじめ検察官と連絡をとり合って、保釈許可の障害になりそうな事情があれば手当てを行い、再逮捕等があるかないかについても確認をしておくことが望ましい。

（裁判官）

III-3-(10) 否認事件と自白事件での保釈の許否

　勾留に関するのと同様（51頁）、否認か自白かで判断をしている訳ではない。否認なのか自白なのかを踏まえたうえで、逃亡や罪証隠滅のおそれの有無を判断している。

　もっとも、否認事件の場合には、自白事件に比して逃亡や罪証隠滅のおそれがある旨の検察官の意見が出されることも多く、自白事件に比して、逃亡や罪証隠滅のおそれの程度も高いと一般的には考えられる。

　そこで、否認事件で保釈請求をする弁護人としては、なぜ逃亡のおそれや罪証隠滅のおそれがないのか、客観的事情と主観的事情を丁寧に論ずるべきである。

（裁判官）

III-3-(11) 弁護人の保釈面接の意義

　弁護人から保釈請求が出たのに、弁護人側から「面接は不要」と言われると、この弁護人は本当に保釈すべきと考えているのかと疑問に思ってしまうというのが正直なところである。弁護活動としては、保釈請求を行う以上は原則として面接を求めるべきである。その際、直接か電話かで判断が変わることはないので、裁判官としては、電話であってもきちんと話ができれば面接をしていると認識をする。

　保釈請求書に事実関係をすべて書いているという場合、面接の際に注目してほしい点を強調してくれればよい。また、事実関係以外の話だと、保釈保証金の金額に関する話は必ずしてもらいたい。裁判官としては、弁護人が保釈請求をしているのに保釈保証金の話をしないで終わってしまうと、弁護人はいまの段階では本気で保釈を求めていないのではないかと思ってしまう。

（裁判官）

III-3-(12) 保釈保証金の納付方法と裁判官の視点

　保釈保証金の納付については、保証書を出す方法もあるが、裁判官が認めているものと認めていないものがあるので、その点については注意が必要である。全国弁護士協同組合連合会のものについては認めているが、手続が煩雑なためか実際に提出されることはあまり多くはない。

　なお、保釈保証金の納付方法について、手続を理解していない弁護人がいる。そういうときは率直に裁判所に確認したほうがよい。

（裁判官）

III-3-(13) 制限住居はどこに指定すべきであるか

　ケースバイケースなので一概にはいえないが、遠隔地であっても理由がきちんとあれば、それほど気にしなくてよい。両親が沖縄にいてほかに身寄りがないという事情がある場合、東京に係属している事件でも、制限住居を沖縄とした例がある。むしろ、東京に単身で住んでいた被告人で、親元は地方にある場合だと、東京よりも親元のほうがよいという場合も多い。また、単身居住であっても、両親が頻繁に訪ねてきている等という事情があれば、単身でも自宅を制限住居とする場合もあるので、単身だから自宅が制限住居と認められないというわけでもない。

（裁判官）

ONE POINT ADVICE 16

保釈に関する弁護人の不適切な活動

　最近はあまりみられないが、以前は保釈だけとって辞任する弁護士がいた。裁判官としては、弁護人の主張を信頼し、事実上の監督を期待して保釈を許可することもあるので、保釈が出た途端に辞任されしまうと、認めてしまって大丈夫だったのかと不安になるのでやめてほしい。

（裁判官）

ONE POINT ADVICE 17

報酬に関する弁護人の不適切な活動

　最近、私選弁護事件について、保釈保証金の金額に対する一定割合を報酬とする委任契約を締結する弁護人がいる。弁護人としては、保釈保証金はできるだけ少額にすることが大切なのであり、保釈保証金の金額が大きくなればなるほど弁護人の報酬が大きくなるというのは、弁護活動に対する報酬の設定としては不自然な話である。弁護人の報酬を増額するために、保釈保証金を大きな金額とする場合、被告人に不利益な弁護活動として、弁護士としての品位を欠くと評価される可能性もあるので、十分に気を付けるべきであろう。

（弁護士）

IV 公訴から第1回公判期日まで

　検察官が起訴をして、裁判所が起訴状を受理してから第1回公判期日までの手続は概略、次のとおりである。この期間の事前準備あるいは公判前整理は、裁判の結論を左右する極めて重要な手続である。

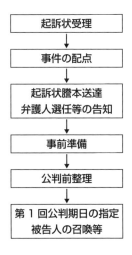

IV-1 事前準備

　被告人の迅速な裁判を受ける権利あるいは審理の充実という観点から
は、第1回公判期日前に、進行に必要な範囲で事前準備をする方が望まし
い。具体的に、どの部分を準備するかについては、事件によって、千差万
別である。訴訟当事者としては、起訴前に証拠を確認し起訴状を作成して
いる検察官と、起訴後に起訴状を見て証拠を閲覧する被告人・弁護人とで
は、当然温度差がある。双方、主張の明確化・立証計画の確立が主題であ
るが、武器対等の原則からは、被告人・弁護人側の防御にウェイトが置か
れるべきであろう。

IV-1-(1) 公判前整理手続の行われない事件の公判準備

　自白事件の場合には、裁判所は書記官を通じて電話等で打ち合わせを行う。弁護人に対しては、検察官請求書証に対する意見や弁護側立証予定を問い合わせる。

　否認事件の場合には、第1回公判期日の前ないし後に打ち合わせを行う例が多い。第1回公判期日前に実施する場合には、当事者に公判準備をするか否かの意見を聞く。反対意見を示されることは少ないが、予断排除等を理由に当事者が反対した場合には、第1回公判期日後、同意書証を取り調べた後に実施する。事前の打ち合わせを行った場合にも、必要があれば、第1回公判期日後に引き続き、被告人が退廷した後に三者で打ち合わせを行うこともある。

　打ち合わせでは、弁護人に対し認否を確認し、検察官に対し証拠の任意開示を促す。否認事件では、ただ漫然と公判を重ねるのではなく、適宜打ち合わせを行って、どういう見通しでいつごろまでに判決に至るかということを考えながら進めていくのが実情である。

（裁判官）

IV-1-(2) 公判前整理手続に付さずに打ち合わせで進めていく場合

　公判前整理手続では、当事者に証明予定事実や予定主張を書面で提出させ、証拠開示についても類型証拠開示や主張関連証拠開示を書面で行うのに対し、公判前整理手続に付さない打ち合わせの場合は、口頭で争点を確認し、証拠開示は口頭で検察官に任意開示を求めるなど、簡便に実施できる点に違いがある。

　したがって、公判前整理手続に付するのは、事案が複雑、争点が単数でも複雑、争点が多数、証拠が多く任意開示では対応が難しいなどの場合が多く、裁定合議事件で実施される例が多い。単独事件で公判前整理手続に付する例もあるが、割合的には少なく、打ち合わせが活用されている。大規模庁より検察官・弁護人の数が限られている小規模庁のほうが、裁判所も当事者も慣れていて使いやすいため、単独事件でも打ち合わせを多く活用しているようである。

（裁判官）

ONE POINT ADVICE 18

裁判官裁判と裁判員裁判の公判前整理手続の違い

　裁判官裁判の場合は、裁判官によっては、整理手続として重くならないよう工夫している例がある。書面は、検察官の最初の証明予定事実記載書以外は、原則としては求めず、その代わり口頭で主張を出していき、証拠開示も、本当に必要なところは類型証拠や主張関連証拠として開示請求をするが、それ以外は任意開示でなるべく進めるなど、重くしない公判前整理を編み出す工夫をする裁判官もいる。

（裁判官）

IV-2 公判前整理手続

　公判前整理手続とは、事件の争点と証拠を整理するための公判準備として行われる手続である（316条の2）。これは、充実した公判審理を継続的・計画的かつ迅速に行うために設けられた手続である（316条の3）。すでに公判審理が始まっている事件でも、事件の争点と証拠を整理する必要があると裁判所が判断したときに公判準備として公判前整理手続と同様の手続が行われる。これを期日間整理手続という（316条の28）。

　公判前整理手続が導入されるまでは、検察官・被告人とも、相手方の出方をうかがいながら公判審理を進めることができた。そのため、複雑な事件では何が争点なのかを明確にすることができず、いたずらに審理期間が長くなってしまうという問題を抱えていた。もちろん、大多数の事件の審理期間は合理的な期間内に収まっていたが、世間の耳目を集める事件の審理期間が非常に長かったため、刑事裁判には相当の時間がかかるとのイメージが国民の間で共有されることとなった。

　審理にかかる時間を短縮し、かつ、充実した審理を実現するためには、互いの手の内を明らかにし、何を主張するのか、その主張を支える証拠が何かをあらかじめ明らかにしておく必要がある。つまり、この裁判では何を争うのかを初めに確定しておくということである。

　充実した審理を実現するためには、被告人側の防御が充実しなければならない。そこで、公判前整理手続では、証拠開示手続が定められた。すなわち、①検察官請求証拠の開示（316条の14）、②検察官請求証拠以外の証拠開示（316条の15）、③主張関連証拠の開示（316条の20）である。強制捜査権を持つ捜査・訴追機関の側には、被告人の防御に資する証拠が保管されている可能性がある。このように、検察官の主張を支える証拠以外にも、検察官の手元にある証拠の開示を受けることができる仕組みが整えられたのである。被告人側にとって、自己の防御に役立つ証拠を入手する方法が増えたことになる。

迅速かつ充実した公判審理を実現するため、公判前整理手続が設けられ、併せて、証拠開示手続が法定されるなどの法整備が行われた。これにより審理期間は短縮されたが、公判前整理手続という公判準備に時間がかかるようになってしまった。今後は、公判前整理手続にかかる時間を短縮させることが課題である。

（安井哲章）

IV-2-(1) 公判前整理手続の流れ

公判前整理手続の流れ

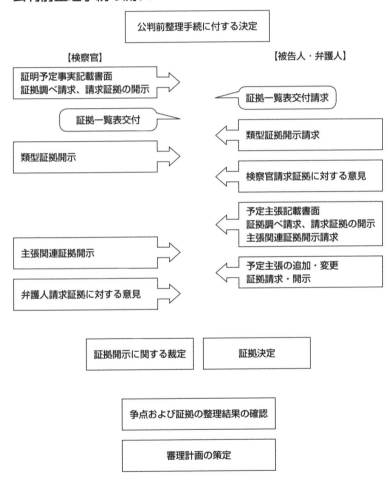

ONE POINT ADVICE 19

公判前整理手続と予断排除・起訴状一本主義との関係

　公判前整理手続で、事件の内容が推測されるかどうかといえば、裁判官の経験からして、弁護人からこの辺りが問題になりそうな事件だと示されれば推測でき、検察官の証拠調請求書だけをみても推測できる。裁判官であれば、どの段階でも、ある程度こんな事件だと推測することはある。

　しかし、それで心証をとることはまったくない。予断を持たないことが裁判官の仕事であり、裁判官は推測できることは、問題だとは思っていない。ただし、裁判員はまったく状況が異なり、予断を持つのではないかという、被告人・弁護人の心配も理解できるので、かなり気を遣っている。

（裁判官）

IV-2-(2) 公判前整理手続における検察官の準備

　検察官は、事件が公判前整理手続に付されると、まず証明予定事実記載書面を提出し、証拠調べ請求を行う（316条の13第1項・第2項）。加えて、請求した証拠を速やかに、被告人または弁護人に開示する（同条の14第1項）。

　平成28年の刑事訴訟法改正により証拠一覧表交付制度が新設された。検察官が請求証拠開示を行った後、被告人または弁護人から請求があった場合には、検察官は、証拠一覧表を交付しなければならない（同条の14第2項）。

　さらに、検察官は、被告人または弁護人から請求があった場合には、類型証拠開示（同条の15）、主張関連証拠開示（同条の20）を行う。

　被告人または弁護人が証拠調べ請求を行い、請求証拠を検察官に開示した場合には、検察官は、当該証拠について証拠意見を述べる（同条の19）。

　証明予定事実記載書面は必要に応じ追加・変更し、追加の証拠調べ請求を行う（同条の21）。

IV-2-(3) 否認事件の公判前整理手続

　公判前整理手続においては、検察官および弁護人が、公判において立証しようとする事実や、その手段となる証拠を明らかにし、これを踏まえて、新たな主張や証拠の取調べを請求して、争点や証拠の整理を進めていくこととなる（316条の2第1項）。具体的には、検察官において、証拠全体を把握したうえ、争点を想定し、これに即した証拠を厳選して請求するとともに、同証拠に基づいて証明予定事実を明示することが必要である。これに対し、弁護人から、争点に即した予定主張がなされるが、検察官が、さらに必要な証拠を請求するとともに証明予定事実を追加するなどし、これに対して、弁護人がさらに予定主張を行うなどして、争点や証拠の整理が進んでいくこととなる。そして、弁護人が予定主張を行うにあたっては、検察官に対し、各段階に応じて証拠（類型証拠、主張関連証拠）開示請求がなされるが、検察官は、刑事訴訟法所定の要件を踏まえつつ、適切に対応していくこととなる。

　このように、公判前整理手続は流動的である。時には、弁護人から、検察官が想定していない争点の提起や証拠の請求を受ける場合がある。例えば、いわゆる「振り込め詐欺」において、被告人が被害者から現金を受けとったことに争いはなく、被告人の詐欺の故意の有無が争点として想定されていたところ、弁護人から、そもそも被害者から現金を受けとった者は、被告人ではなく別人である旨の主張が出たような場合である。この場合、検察官は、公訴提起された事実の立証責任を負っていることから、弁護人に対し、アリバイの具体的な内容の明示や弁護人の手持ち証拠の開示を求め、その内容を踏まえて迅速に補充捜査を行い、アリバイの真偽に関する主張や証拠の取調べを請求することとなる。

　また、公判前整理手続を経た事件においては、検察官および弁護人は、公判手続において、やむを得ない事由によって公判前整理手続において請求できなかった証拠を除いては（例えば、長期間にわたって所在不明だった

114　IV　公訴から第1回公判期日まで

目撃者の所在が公判前整理手続終了後に判明したような場合)、公判前整理手続終了後には、証拠調べ請求をすることができない(立証制限。316 条の 32 第 1 項)。そのため、検察官としては、公判前整理手続が終了するまでに、手持ち証拠の中で請求を漏らしている証拠がないか、さらに、ほかに補充捜査を遂げて請求しなければならない証拠がないかを慎重に吟味し、公判立証に万全の準備をしていくこととなる。

(検察官)

ONE POINT ADVICE 20

何を立証するか―殺意の否認を例として

　例えば、前記殺人事件の事例（30頁）で説明する。
　殺意が争点とされた場合、検察官は、通常、殺意の有無を推認することのできる間接事実、すなわち創傷の部位・程度、凶器の種類・用法、動機の有無、犯行後の行動等によって殺意を立証する。
　前記事例では、創傷の部位・程度について、被害者Ｖが負った傷が胸に２箇所あり、いずれも心臓に達する深さ約15センチメートルの刺創であったという事実がこれに当たるが、この事実はＶの遺体を解剖した医師の鑑定書や同医師への証人尋問により立証する。人体の枢要部への攻撃は、これが狙って行われたものであれば、殺意を推認する有力な事実となる。また、傷が２箇所ある事実からは、傷が１箇所である場合と比べて攻撃意思が強いと認められうるし、傷の深さが約15センチメートルである事実からは、浅い傷と比べて強い攻撃が加えられたと認められる。本件では、Ｖは、胸部に２箇所、心臓に達する深さ約15センチメートルの傷を負っており、Ｂは、Ｖが死亡する危険性が極めて高い傷を負わせたと評価することができる。
　凶器の種類については、押収した包丁そのものやこれを写真撮影した報告書により立証する。凶器の殺傷能力が高いことは、殺意を認定する上で積極的な事実と認められる。本件では、Ｂは、刃の長さが約15センチメートルの包丁という、一般的に見て人に致命傷を負わせることができる凶器を使用していると評価できる。凶器の用法については、上記創傷の程度や凶器から立証することになるが、Ｂが、上記包丁を、刃の部分が体内に完全に入るくらいの強さで、２回刺すという用法で使用しているといえる。
　これらの他に、上記のとおり、殺意の有無を推認するにあたり、動機や犯行後の行動等も間接事実となる場合がある。

（検察官）

IV-2-(4) 憲法違反の主張と公判準備

　弁護人が、第一審の刑事裁判において、憲法違反を主張する場合としては、①法令自体が違憲である場合と、②法令を本件事案に適用することが違憲である場合がある。②の適用違憲については、具体的な事案において、法令が守るべき保護法益がどの程度侵害されているのかを検討することにより、法令適用が違憲となるか否かが判断されることとなり、そのため検察官としては、具体的な事案の分析が必要となる。

　他方、①の法令自体が違憲である場合は、検察官としては、憲法解釈とこれを支える憲法判例の分析などが必要となる。実際に、刑事事件において、刑罰法令が憲法違反か否かが争われた事案は相当数あり、例えば、公務員による政党機関紙の配布行為が国家公務員法違反に問われた事件（最判平成24年12月7日刑集66-12-1337）や、男女の性交場面等を露骨に描写した漫画を印刷掲載した漫画本を頒布し、刑法のわいせつ図画頒布罪に問われた事件（東京地判平成16年1月13日判時1853-151）などがある。

　このように憲法解釈とこれを支える憲法判例の分析が問題となる事件では、弁護人から憲法学者による憲法解釈や判例分析に関する鑑定的意見が証拠として提出される場合がある。この場合、検察官としては、同鑑定的意見を精査し、憲法判例に関する最高裁判所判例解説や著名誌の判例評釈などを参考にしつつ、学識経験者や関係機関の意見を踏まえ、反証や主張をすることとなろう。

（検察官）

Ⅳ-2-(5) 弁護人が刑法の解釈を争った場合の公判準備

　弁護人が、第一審の刑事裁判において、刑罰法令の解釈を争う場合は、憲法違反の主張をする場合よりも多くある。例えば、古くは、放火罪における「焼損」の意義（大判大正7年3月15日刑録24-219）、不法領得の意思の要否および内容（最判昭和26年7月13日刑集5-8-1437）、近時では、未成年者略取罪において、その主体に親権者が入るか否か（最決平成17年12月6日刑集59-10-1901）などがある。

　弁護人が、刑罰法令の解釈を争う場合には、検察官としては、まずその具体的な主張の明示を求め、そのうえで、弁護人の主張の当否を検討することとなる。検討にあたっては、弁護人の主張に関する判例の有無を確認し、①判例がない場合には、立法目的（保護法益）や立法経緯等を検討し、関係機関の意見を踏まえるなどして、弁護人の主張する法解釈が正当か否かを検討することとなる。これに対して、②判例がある場合には、最高裁判所判例解説や著名な判例評釈文献などを参考にしつつ、関係機関の意見を踏まえるなどして、本件がその判例の射程に入るか否かを検討し、射程に入れば、検察官としては、同判例の法解釈に沿う主張をする一方、本件がその判例の射程外であれば、①の検討をすることとなろう。

（検察官）

IV-2-(6) 現在の公判前整理手続の問題点

　公判前整理手続は、争点や証拠を整理して充実した公判審理を実現するための制度であり、同手続に付された事件は、概ね充実した公判審理がなされていると思われるが、平成24年12月に最高裁判所事務総局が公表した『裁判員裁判実施状況の検証報告書』において、公判前整理手続が長期化する傾向が指摘されている。

　公判前整理手続が長期化する要因は、個別の事件の性質等に負うところも多くあるが、いずれにせよ検察官としては、同手続が迅速に進むよう努めている。例えば、①余罪が多数ある事件の場合、早期に必要十分な捜査を遂げて計画的に追起訴を行うことや、②公判前整理手続に付されて最初に提出する証明予定事実記載書では、あらかじめ争点が明確な場合は、争点に沿った事実を主張して争点整理に資する構成とすること（例えば、殺意が争点として想定される場合には、事実経過を時系列で記載するとともに、殺害に使用した凶器の形状、傷の状況、動機など殺意を推認させる具体的な事実を項目立てて記載する）、③被告人の供述調書などの類型証拠開示請求が定型的に予想される証拠については、同請求を待たずに任意開示することなどの運用に努めている。

　他方、例えば、弁護人からの類型証拠開示請求が、五月雨式になされることがある。このような場合、検察官としては、弁護人と早期に折衝し、法所定の要件に該当する証拠の特定を働きかけるとともに、類型証拠開示請求を早期に行うよう促す努力が必要であろう。

　また、弁護人が提出する予定主張記載書の内容が抽象的な場合がある。この場合、検察官は証明予定事実記載書が弁護人にとって踏み込んだ認否が可能な程度に争点に即して具体的に記載されているかを見直すとともに、弁護人に対し、より具体的な主張をするよう促し、また、裁判所に対し、積極的な訴訟指揮を促すことが必要な場合もあろう。

（検察官）

ONE POINT ADVICE 21

検察官の証明予定事実について、裁判官から一言

　特に最初の証明予定事実記載書において、民事の準備書面のように詳細な事実経過を書いているものがある。そうなると、弁護人は、1つ1つの事実経過について認否したくなってしまう。
　しかし、細かな事実の存否がいずれであっても、結論には影響しないような場合は、その記載に時間をかけることはせず、なるべく必要最小限のものを提示してもらいたい。

（裁判官）

IV-2-(7) 公判前整理手続における弁護人の準備

　弁護人は、検察官による証明予定事実記載書面の提出、証拠調べ請求、請求証拠開示を受けたあと、証拠一覧表交付請求（316条の14第2項）、類型証拠開示請求（同条の15）、主張関連証拠開示請求（同条の20）を行う。

　検察官から請求証拠および類型証拠の開示を受けたあと、弁護人は、検察官請求証拠について証拠意見を述べ（同条の16）、予定主張記載書の提出（同条の17第1項）、弁護側の証拠調べ請求を行う（同条の17第2項）。請求した証拠は、速やかに検察官に開示する（同条の18）。

　予定主張記載書は必要に応じ追加・変更し、追加の証拠調べ請求を行う（同条の22第1項・第2項）。

（弁護士）

ONE POINT ADVICE 22

弁護人が予定主張を明示するに際して、裁判官から一言

　弁護人も、検察官の詳細な証明予定事実をすべて認否するのではなく、基本的に特にこの点を争うという積極否認の部分を提示してもらいたい。民事の準備書面のように、「第1の1は認める」、などの認否は必要ない。

　特にいろいろな道行きのある事件では、途中までの経過があるが、例えば、共犯者間で詳細が異なるのはよくあることで、「どちらかというとこちらのほうが多く手を出していた」という程度の整理ができればよい。1つ1つの事実について全部を確定する必要はない。

　逆に、弁護人の予定主張が概括的すぎるケースでは、何回期日を重ねても予定主張が出てこないとか、「故意がない」程度の主張で終わってしまう場合には、問題になりうる。基本となるような部分について明らかにしないようなものについては、公判でこれに関する立証が制限されることもありうるため（最決平成27年5月25日刑集69-4-636）、裁判所が釈明を求めることがある。

（裁判官）

IV-2-(8) 公判前整理手続における裁判所の役割

　裁判所は、充実した公判の審理を継続的、計画的かつ迅速に行うため必要があるときは、事件を公判前整理手続に付する決定を行うことができる（316条の2）。裁判員裁判事件では、必要的に公判前整理手続に付する（裁判員49条）。

　事件が公判前整理手続に付されると、裁判所は、まず打合せ期日を指定し（規178条の15）、検察官の証明予定事実記載書面提出期限を指定するのが一般的である。

　打合せ期日および公判前整理手続期日では、裁判所は、当事者に予定主張を明らかにさせて争点を整理し、証拠決定をはじめとする証拠の整理を行うほか、証拠開示に関する裁定、被害者参加に関する決定、審理予定の策定などを行う（316条の5）。

　裁判所は、公判前整理手続を終了するにあたり、検察官および被告人または弁護人との間で、事件の争点および証拠の整理の結果を確認する（316条の24）。

IV-2-(9) 証拠整理に関する裁判官の視点

　まず、証拠開示をスピード感をもって進めてもらいたい。特に証拠物については、警察署から検察庁への保管替えの手続に時間がかかっている場合がある。弁護人が警察署に行って開示を受けるなど工夫してもらいたい。また、防犯ビデオや通話記録・電子メール履歴など、証拠量が膨大なものについても開示が遅い印象がある。類型証拠開示が第5次、第6次になることもあるので、裁判所としても進捗状況を確認するなど進行に気を配っている。

　また、刑事訴訟法改正で証拠一覧表の交付制度が始まったが、その1つの機能として、一覧表が作成されることによって公判担当検察官が全証拠を把握するのに役立っていると思われる。他方で、一覧表の項目だけでは証拠の内容が判明せず、弁護人からの求釈明申立てが行われるケースもあって、実際にこの制度がどのような影響を与えるのかは気になるところである。

　この他、証拠開示がすべて終わらないと一切の予定主張を出さない弁護人が一定数いて、類型証拠開示請求が何度も繰り返され、消耗戦のようになっているケースもある。検察官は、類型証拠開示請求に対しては書面で回答しなければならず、時間がかかるパターンの1つになっている。弁護人から口頭で方向性だけでも示されれば、検察官が準備を進めることができる場合もあるため、裁判所としては、途中で方向性が変更になっても構わないので、協力を願いたいところではある。

　弁護人の証拠調べ請求についても、なるべく早く行われたほうが、裁判所として弁護人がどのような弁護活動を考えているのかがわかるため、整理に資すると思われる。検察官は統合報告書にうまくまとめて請求するので、弁護人も統一感なく請求するのではなく、報告書にして請求したほうがよい場合がある。

（裁判官）

IV-2-(10) 証拠の厳選

　裁判員裁判では、同じような証拠が次々出てくることをなるべく避け、ベストエビデンスを心掛けている。ただし、1つに限るわけではなく、必要であれば裏付け証拠が複数あることも構わない。ベストエビデンス以外は一切認めないという運用ではない。

　裁判官裁判でも、最近ではベストエビデンスを意識する裁判官が多い。多数の証拠を裁判官室で読むのではなく、要旨の告知であってもきちんと公判で顕出して、それについて被告人からも話を聞くという運用になっている。

　検察庁にも変化がみられる。裁判員裁判の導入により「必要な証拠」という概念が検察官にも意識されるようになり、裁判官裁判事件の証拠が、以前に比べると減っている。多数の証拠が請求された場合には、裁判所が1つ1つ釈明して必要性のないものについては撤回させたり、却下する場合もある。

　裁判員裁判でできるのであるから、裁判官裁判でも当然に必要のない証拠は厳選するという考え方が広まっている。

（裁判官）

ONE POINT ADVICE 23

弁護人の証拠意見・証拠調べ請求について、裁判官から一言

　弁護人が証拠意見を述べる際にも、中身に問題がないから同意で構わないということではなく、本当にその証拠が必要なのか、その証拠で何が立証できるのかを意識してもらいたい。

　弁護人が証拠調べ請求を行う際も同様に、その証拠が採用されるべき必要のあるものなのか、立証事実の関係でそれが証拠としてどのくらい意味があるのかを、厳密に考えてもらいたい。

（裁判官）

IV-2-(11) 公判前整理手続終了後の証拠制限

　検察官・弁護人は、どうしても、「この証拠を請求しておかないと制限されるのではないか」と気にするようであるが、裁判所としては、公判になってからでも認定のために本当に必要なものであれば、やむを得ない事由があるとするか、やむを得ない事由がなくても必要性があるとして職権で採用するという考え方である。本当に必要な証拠なのに、公判前整理手続終了後に発見されたからというだけで採用しないということは基本的にはない。

　証拠制限があるからといって公判前整理手続で何でも請求しようとする当事者に対しては、かえって裁判所は、その当事者の請求に対しては厳しい目で見なければならないという逆のスタイルを生んでしまうこともある。当事者は、本当に必要なものはいつでも出せるという発想で臨んでもらいたい。

　公判に顕れた証拠を弾劾する証拠についても、本当にそれが弾劾になっているかどうかを考えることは必要である。主観的には弾劾になっているように見えても、客観的には弾劾になっていないケースもある。例えば、LINE や電子メールのやり取りでは、前後の脈絡で意味が異なるものが多く、一方の立場で弾劾になるように思えても、ほかの可能性はないかと検討することは重要である。特に要通訳事件では、ニュアンスによってどのようにもとれる場合もかなりあるので留意してもらいたい。

（裁判官）

IV-3 争点整理

　公判前整理手続が終了するにあたり、裁判所は、事件の争点および証拠の整理の結果を確認しなければならない（316条の24）。この争点の整理、何をもって何を証明するか、という点が、公判前整理手続の根幹といってもよい。これも、事件によって、千差万別であるが、争われる事件では、間接事実に対する理解が必要になる。

IV-3-(1) 争点整理の例—量刑

　弁護人が情状としてどういう点を中心に主張して、どういう立証をするかを明らかにしてもらいたい。行為責任、すなわち犯情等が争えない事件もないわけではないが、その評価は、ほとんどの事件において概ね決まっていることが多い。そのような場合に、検察官と弁護人の主張をかみ合わせようとしてもあまり意味はなく、むしろ、一般情状を含めて弁護人はどこを一番言いたいのか、どこの点が強調されるかを整理していくことが望ましい。

　ただし、法律家は当たり前と思っていても、裁判員には当たり前ではないという点には注意が必要である。例えば、責任能力には影響はないが、ある程度酒を飲んでいた場合や、精神障害・発達障害があるという場合に、酒を飲んでいたのにどうして量刑上有利なのか、精神障害がある人はより危険なのではないかという見方になることもありうる。また、少年が被告人の場合には、法律家は少年法の理念や可塑性を理解しているが、裁判員には、むしろ「鉄は熱いうちに打て」などという考え方もありうる。

　そのような場合には、ただ量刑として、酒を飲んでいたとか、この人は精神障害がある、というだけでは足りず、精神障害があるからどうして量刑にそれが影響するのかという説明をする必要がある。基本的には、公判で弁護人が主張することになるが、公判前整理手続でも、三者ともにきちんと振り返る必要があるであろう。

（裁判官）

IV-3-(2) 争点整理の例—間接事実

　まず、検察官に証明予定事実をどう出させるかという問題がある。検察官が初めから間接事実を記載した証明予定事実を出すという場合もあるが、検察官に立証責任がある間接事実にも、争い方や事件によって違いがあるため、それが難しいケースもある。

　そのようなケースでは、簡単な事実経過の証明予定事実とともに、まず簡単な構造を示す間接事実を検察官に提出させ、弁護人がそれについて全体としてどうなのかという点を確認し、必要に応じて、ここも必要なのではないかを三者間で議論していく。

　検察官が間接事実を出せば、弁護人がそれについて反論して、主張がかみ合っていくという言及がなされることもあるが、少しずつ詰めたほうが確実であることもある。

　例えば、薬物輸入事件では、構造が単純なようでいて、被告人の弁解、事実経過に関する主張の内容によって、どの点が問題なのかが異なる。それを無視して「間接事実はこれでしょう」と言っても、的が外れていることもある。

　もう1つは、再間接事実とか推認の射程とかの細かいところまでやりすぎると、今度はがんじがらめになってしまう。そうすると、弁護人も検察官も、微に入り細に入り、認否することとなり、そこが違うとなると反証も提出することとなる。これは、裁判官にもよるが、どちらかというと、あまりにも詳細なものは、賛成しがたい。間接事実からもう1つぐらい下がるところで収めて、「こんなこともあるよね。そこは」という程度にしておいたほうがよい気もする。

（裁判官）

IV-3-(3) 争点整理の例—黙秘

　黙秘のケースでは、基本的には類型を含めてすべての証拠開示を受け、間違いがなかったときに初めて予定主張が出てくることになる。

　仮に弁護人が、証拠を全部検討した段階で認めると口頭で述べていても、それだけでは検察官は言質をとったことにならず、また、公判前整理手続が終わっても、被告人の供述がないため公判で何を言い出すかわからない状況も残る。したがって、検察官も慎重になり、通常の事件であれば必要ないところまで立証を固くしようとする。検察官にとっても、裁判官にとっても率直にいえばやりにくい事件である。

　裁判所としては、弁護人の弁護方針について何とも言う立場ではないが、なるべく早く、きちんとした形で準備をしてもらうしかない。

　なお、公判に入っても被告人が黙秘をする場合は、予定主張でも明らかになっており、そのほうがむしろ簡単である。検察官は、黙秘のまま貫かれようと、何か言い訳を始めたときに備えて全体の立証を尽くすだけで、時間はかかるかもしれないが、粛々と手続を進めればよい。

（裁判官）

Ⅳ-4 裁判員裁判と公判前整理手続

　裁判員裁判では、必ず公判前整理手続を行わなければならない（裁判員49条）。これは、一般人である裁判員に裁判を理解させるのに必要不可欠であるからである。平たく言えば、「わかりやすさ」が求められる。そして、重要なことは、法律専門家の常識と一般人との常識が乖離している危険性に、常に神経をとがらせるということである。正に、「良き法律家は悪しき隣人とならないように」である。

IV-4-(1) 裁判員裁判の公判前整理手続に特有の問題

　全体に、裁判員裁判ということで、検察官も弁護人も慎重になってしまって、期間を含めてかなり重くなっている感じはある。主張の撤回の問題についても、裁判所が自由に撤回して問題ないとはいえ、やはり撤回するということ自体が主張の弱さを出しているようにみえるところもあるので、どうしても慎重になる。裁判官裁判だったら速やかに出している主張を、裁判員裁判だともう１回考えてからということもある。

　公判前整理手続に入ってから補充捜査が行われるケースも同じである。裁判官事件であれば公判に進むようなものでも、裁判員裁判だからということで補充捜査が行われる。それについて弁護人が全部開示を受けるので、補充捜査が始まったと思ったとたんに主張も証拠意見も全部止まる。

（裁判官）

IV-4-(2) 統合捜査報告書はどのように作られるか

　統合証拠（統合捜査報告書）の作り方の最大のポイントは、裁判員が、公判廷で、目で見て、耳で聞いて、その場で理解できる、わかりやすいものを作るということである。

　そのためには、まず、情報過多にならないように留意しなければならないが、その一方で、立証に必要な事項については漏らさず盛り込まなければならないので、当該事実を立証するために、必要かつ十分なものを取捨選択していく作業を行っていくことになる。

　そのうえで、統合証拠を公判廷で取り調べるときには、裁判員の面前に設置されたモニター画面に、図面や写真等の添付資料を映し出し、それを見てもらいながら、図面や写真等の内容を説明する本文を朗読していく形で証拠調べを行っていくことになるので、その場面を頭に思い描きながら、図面や写真等の添付資料と説明文とがきちんとリンクするように内容を構成していくことが重要である。その際には、裁判員に１つずつ順を追って証拠の内容を理解してもらう必要があることから、複数の情報を一遍に示すような内容になっていないかを常に留意しながら作っていかなければならない。

　例えば、被害者の傷害の部位・程度等を立証するための統合証拠を作成するとした場合、まず、表皮が書いてある人体図に傷の位置と形を示し、その人体図に示した傷ごとに、１つずつ説明文を付け、次いで、皮膚の下の構造がわかるような人体図やCT画像等を準備し、それぞれの傷が皮下でどのような傷となっているのかがわかるように、１つ１つ説明文を付けていくといった構成にしていくといった工夫をしている。

　また、裁判員に不必要な心理的負担を与えることがないようにするため、生々しい傷の写真等については、それが立証に必要な場合を除き、カラー写真を白黒写真に変える、写真を元にイラストを描いてその上に色を塗るなど、様々な工夫がなされている。もっとも、事実関係に争いがある

134　IV　公訴から第１回公判期日まで

場合など、当該写真等自体を証拠とする必要性がある事案も少なくないことから、どのような統合証拠を作成するのか、事案ごとに知恵を絞りながら作成しているのが現状である。

（検察官）

IV-4-(3) 裁判員への説明のための心得

　まず、何の立証をする証拠なのかというのは、意識することが必要である。当事者が、「裁判所はわかってくれているな」と思っていても、必ずしもそのすべてを裁判官が裁判員に説明しきれるわけではないため、裁判員にはわかりにくい場合もある。裁判員経験者の意見交換会で、「結局何の証拠だったかよくわからなかった」との感想を聞くことがある。

　例えば、統合報告書の形にすることは一つの方法である。また、証拠調べにあたって、冒頭で立証趣旨を説明することも考えられる。検察官請求にしろ、弁護人請求にしろ、「これはこういうことを立証するための証拠ですから、この点についてよく聞いてください」との説明は必要であり、立証趣旨の説明である以上、問題はない。

　裁判員裁判では、裁判員は何も知らない人がやっていること、全然わかっていない人に一から説明するということを常に基本においておくことが必要である。「ここまで言ったんだから、次はわかってくれているだろう」という期待をしない。裁判官はある程度説明をするが、立場上、検察官の言うことを一生懸命説明したり、弁護人の言うことを一生懸命補充したりということはできない。やはり当事者が、訴訟活動の中で何も知らない人にどれだけわかってもらえるかを考えることが大切である。

（裁判官）

IV-4-(4) いわゆる50条鑑定

　裁判員裁判では、裁判所が、公判前整理手続において鑑定を行うことを決定した場合において、当該鑑定の結果の報告がなされるまでに相当の期間を要すると認めるときは、検察官、被告人もしくは弁護人の請求によりまたは職権で、公判前整理手続において鑑定の手続（鑑定の経過および結果の報告を除く）を行う旨の決定をすることができる（裁判員50条1項）。これを50条鑑定と呼ぶ。

　50条鑑定の例として精神鑑定があるが、これには、起訴前鑑定（検察官の嘱託による鑑定）がない場合（簡易鑑定のみがある場合を含む）と、起訴前鑑定がある場合が考えられる。責任能力が問題になりうる事案で、起訴前鑑定がない場合には、弁護人から、鑑定の必要性を具体的に主張した鑑定請求が行われ、起訴前鑑定がある場合には、これに加えて再鑑定が必要である理由を具体的に主張した鑑定請求が行われることにより、裁判所が鑑定の採否を判断するのが一般的である。

　鑑定請求が採用されると、鑑定命令、鑑定人による鑑定、鑑定書の作成が行われ、公判前整理手続において事前カンファレンスが実施される例が多い。これらの手続を経て、公判において、鑑定の経過および結果の報告が行われる。

IV-4-(5) 評議で説明する法律概念

　公判前で整理するというよりは、裁判員にどう説明するかということを三者で十分議論をして、理想的には同じ説明ができるとよい。そうでなくても、それぞれの立場でこういう説明をするということを互いに納得するという作業をしておく必要がある。これを怠ると、まず論告弁論を聞いていても何だかよくわからず、さらに裁判官の説明が違うということも起こりうる。整理がうまくいっていないというだけではなく、判決が当事者の予想しないところでの結論になることもありうる。手続の早い段階から議論して、何回か詰めていく作業を行うとよい。

　評議においては、理解度が個人個人によって違うということも念頭におく必要がある。裁判官が、三者で詰めた基本的な説明を変えることはないものの、それをもう少し具体化してどう説明するかというのは、事件によって、裁判員の理解度によって違う。

（裁判官）

IV-4-(6) 裁判員裁判の公判スケジュールはどのように立てるか

　裁判員候補者の出頭率の問題があり、1つには、なるべく裁判員の拘束日数を減らしたいという要請、もう1つは、少し長めでも裁判員から「充実していてよかった」という感想が述べられることもあり、あまり短すぎて駆け足すぎないようにという要請があり、兼ね合いが難しい。

　平成21年の制度開始当初は、あまり審理期間が長すぎると裁判員の出頭率が低くなるのではないかという心配があり、短い公判スケジュールを立てることが多かった。しかし、実際には多くの候補者が出頭することがわかって、「ああ、じゃあもう少し余裕を持ってやろうか」という流れがあり、いまはどちらかというと、長くなりがちだから、なるべく短くするにはどうしたらいいかという段階である。

（裁判官）

V 公判とは何か

　公判においては、被告人が犯人である旨の主張を検察官側が行い、被告人側はこれに対して無罪の主張や、検察官が提出した証拠の証拠能力を争うなどの防御活動を行う。裁判官は公正中立な第三者として、どちらの主張がより説得的かを判定する。

　刑事裁判では、検察官と被告人という当事者が攻撃防御を繰り広げ、裁判官は第三者的立場に退く。これを当事者主義という。しかしながら、刑事訴訟法の規定上、当事者は対等ではない。犯罪事実の存在を証明しなければならない検察官に重い負担が課せられている。検察官は、被告人が犯人であるという自己の主張を支える証拠を収集し、法廷に提出しなければならない（証拠提出義務）。そして、この証拠に基づいて、判定者である裁判官・裁判員を説得しなければならない（説得義務）。被告人は無罪との前提で審理が進められていく（無罪推定原則）。そのため、そもそも証拠を十分に集めることができなければ無罪判決が下されることになり、証拠を集めることができたとしても、それに基づいて裁判官・裁判員を説得することができなければ無罪判決が下されるという仕組みになっているのである。

　犯罪事実の証明に成功するということは、裁判官・裁判員を説得することができたことを意味する。刑事裁判において、どのような場合であれば証明があったということになるのか。それは、「合理的な疑いを超える証明」がなされた場合である。これは、通常人なら誰でも真実らしいとの確信を抱くほどの証明が行われたことを意味する。したがって、無罪とは、検察官が犯罪事実について合理的な疑いを超える証明を果たすことができなかったということなのである。

　さて、このような刑事裁判の場に、一定の重大犯罪に限定して、法律に精通していない一般国民が加わり、裁判官とともに有罪・無罪の判断を行い、有罪と判断した場合には刑の量定を行うこととなった（裁判員制度）。

そのため、裁判官、検察官、弁護人といった法律専門家は、法律に精通していない人にも理解してもらえる形で法律用語を駆使することが求められるようになった。理論的正確さとわかりやすさの両方を追求することが、今後の法曹に期待される。

（安井哲章）

V-1 公判手続

　刑事裁判の根幹は、この公判手続である。公判手続の中で、被告人の有罪・無罪を決めることとなる。公判手続に至るまでに、捜査があり、公判前整理手続があり、といろいろな手続を経ているが、最終的な結論は公判で決まるのである。したがって、公判手続の中で、どのように立証がなされるか、どのように心証が形成されるか、という点についての理解があって、はじめて捜査ではどのような証拠を収集するか、どのように公判前整理手続で争点整理をするかが、理解できるのである。

V-1-(1) 公判手続の流れ—裁判官裁判

　公判手続は、大きく分けると、審理手続と判決の宣告手続に分かれる。

　裁判員裁判対象事件以外の事件について述べると、審理手続は、冒頭手続と呼ばれる、人定質問、起訴状朗読、黙秘権の告知、被告人・弁護人の被告事件についての陳述（認否）からなる一連の手続から始まる。

　冒頭手続後は、証拠調べ手続に入る。証拠調べ手続においては、まず検察官から、証拠によって証明しようとする事実を明らかにする冒頭陳述が行われる。検察官による冒頭陳述後、裁判所は、被告人・弁護人に対し冒頭陳述を許すことができる。弁護人としては、争点が複雑な事件の場合や、被告人においてあらかじめ主張しておきたい事実がある場合等には冒頭陳述を実施することを検討する。冒頭陳述を実施する場合には、検察官の冒頭陳述に続けて行うのか、検察官の立証が終わってから行うのかについても検討しておく。

　冒頭陳述後は、証拠調べ請求がなされ、相手方当事者は、これに対し意見を述べる。裁判所は、この意見を踏まえて証拠決定をし、証拠調べの範囲や順序、方法等を決定する。

　なお、公訴を提起したのは検察官であり、また、検察官は被告人が有罪であると立証すべき立場にあるため、順序としては、通常は、検察官において証拠調べ請求をし、検察官による立証が終わった後、弁護人から証拠調べ請求をすることになる。

　自白調書については、実務上は、検察官による証拠調べ請求の際一括して証拠調べ請求されることが多いが、法律上は、犯罪事実に関するほかの証拠が取り調べられた後でなければ取調べの請求はできないとされている（301条）。

　証拠調べ請求後は、裁判所による証拠決定を経て、証拠調べ手続に移行する。証拠調べ手続では、被告人質問以外の書証、物証、人証（証人）がまず取り調べられ、しかる後に被告人質問が行われる。

証拠調べ手続が終わった後は、弁論手続に移行する。弁論手続においては、まずは検察官から論告（求刑）がなされ、次に弁護人による弁論がなされる。そして弁論を終結するにあたり、被告人に最終陳述の機会が与えられる。
　これらの手続を経て弁論手続が終結されると、判決を待つばかりとなる。

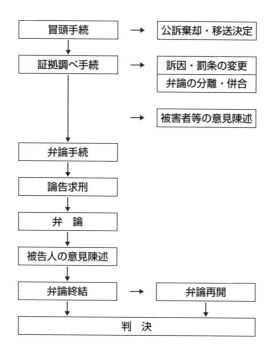

Ⅴ-1-⑵ 公判手続の流れ―裁判員裁判

　裁判員裁判における公判手続は、基本的には裁判官裁判における公判手続と同じであるが、公判前整理手続を経ていること、および、裁判員に理解しやすい公判を目指し直接主義がより尊重されることからくる差異がある。

　冒頭手続においては、人定質問、起訴状朗読、黙秘権の告知、被告人・弁護人の被告事件についての陳述（認否）からなる一連の手続がなされる。

　証拠調べ手続では、公判前整理手続の中で証拠の整理および決定がなされているため、証拠請求、証拠決定の手続を経ることなく、通常すぐに証拠の取調べに入ることになる。証拠調べ手続においては、検察官の冒頭陳述に続けて弁護人も冒頭陳述をすることになる。公判前整理手続が行われているため、冒頭陳述のあとに、その結果の顕出を行う。証拠調べがなされるが、法廷で用いる証拠番号は、便宜上、従来の甲号証、乙号証、弁号証ではなく、取調べ順に検何号証、などと番号を振ることが多い。

　また、乙号証については、直接主義を尊重し、仮に乙号証が同意されていたとしても、被告人質問を先行させることとなる。

　証拠調べ手続が終わったあとは、弁論手続に移行する。弁論手続においては、まずは検察官から論告（求刑）がなされ、次に弁護人による弁論がなされる。そして、弁論手続を終結するにあたり、被告人に最終陳述の機会が与えられる。

　これらの手続を経て弁論手続が終結されると、判決を待つばかりとなる。

Ⅴ-1　公判手続　145

V-1-(3) 無罪推定の原則

　無罪推定の原則とは、「疑わしきは被告人の利益に（in dubio pro reo）」の原則ともいわれ、犯罪事実の存在が合理的な疑いをいれないまでに立証されない限り無罪とされるという原則である。

　この点について最高裁は、「刑事裁判における有罪の認定に当たっては、合理的な疑いを差し挟む余地のない程度の立証が必要である。ここに合理的な疑いを差し挟む余地がないというのは、反対事実が存在する疑いを全く残さない場合をいうものではなく、抽象的な可能性としては反対事実が存在するとの疑いをいれる余地があっても、健全な社会常識に照らして、その疑いに合理性がないと一般的に判断される場合には、有罪認定を可能とする趣旨である。そして、このことは、直接証拠によって事実認定をすべき場合と、情況証拠によって事実認定をすべき場合とで、何ら異なるところはないというべきである」（最決平成 19 年 10 月 16 日刑集 61-7-677）と判示した。ここでの問題点は、「健全な社会常識」とは、具体的にどのような内容か、ということで、これは、事件ごとに個別具体的に検討するしかない。

V-1-(4) 審理の注意点（自白事件）

　自白事件の場合、多くは検察官請求証拠に同意したうえで、弁護人が情状立証をすることになる。

　情状立証にあたっては、弁護人は、犯行に至る経緯、動機、目的、犯行態様、手段、結果発生の程度、等の犯情事実をまず、十分に検討する必要がある。計画的であるか、残忍性はないか、1つとして同じ犯罪はなく、何かしら宥恕されるべき事情がないか、である。

　また、犯罪後の事情としては、被害者のいる事件であれば示談の成立や経過を立証し、出所後の監督者が問題となる事案であれば監督者となるべき証人を呼んで証言してもらうこととなる。

V-1-(5) 審理の注意点（否認事件）

　否認事件の場合、裁判の争点が何かが、重要である。どの部分を否認しているかである。アリバイか、故意か、共謀か等、事件によって異なってくる。

　検察官は有罪の立証、弁護人は無罪の立証に向けた活動を行うこととなる。その際、何をもって具体的に何を立証するのか、という裁判官の心証、裁判員の心証はどのように形成されるのかを、十分検討しなければならない。直接証拠のある場合、間接事実から推認する場合等を、過去の裁判例や世間の常識等をもって多角的に検討することとなる。ある意味、証拠裁判主義とは何かを、法律実務家が実感する瞬間かもしれない。

V-1-(6) 審理の注意点（違法収集証拠）

　まず、最高裁の判例の射程距離を正確に理解すべきである。違法性が認められたとしても、何でもかんでも、違法収集証拠の証拠能力が否定されるということはない（最判平成 15 年 2 月 14 日刑集 57-2-121）。しかし、令状主義の精神を潜脱・没却するような重大な違法であるか、違法捜査の抑制の見地から、証拠能力を認めることが相当でないものか、という要件は課されている。

　したがって、弁護人としては、この要件を充たすのか、立証はどうするか、という点の検討が必要である。検察官としては、要件を充たさない方向での立証となる。

　なお、その証拠が供述証拠にあたり、伝聞性を争う場合には、不同意の意見も併せて述べる。違法収集証拠であると認めながら、被告人側の同意があり、異議なく適法な証拠調べがあったとして、証拠能力を認める旨判示した裁判例がある（大阪高判昭和 56 年 1 月 23 日判時 998-126）。

（弁護士）

V-1-(7) 共犯事件の場合の審理についての注意点

　共犯事件の場合、同一の裁判所に事件が係属することが多い。

　その場合、弁護人としては、共犯者の間で言い分が異なる等して、利害が相反し、被告人の権利を保護するために必要があるときには、弁論の分離を求めるべきである（313条2項）。

　弁論を分離しない場合の注意点は、証拠資料の共通である。検察官であれば、何が共通で、何が個別かを整理して、証拠調べ請求をするべきであり、一方、弁護人としても、自分が弁護する被告人について、どこまで共通か否かきちんと確認をする必要がある。仮に、自分の弁護する被告人について請求されていない証拠を立証で用いたいのであれば、その点を証拠調べ請求しなければならない。

（弁護士）

V-1-(8) 自白の任意性

　取調べの録音・録画制度がない頃は、被告人質問等で判断をしていたが、現在は、録音・録画されているので、それを視聴しながら、判断することとならざるを得ない。

　例えば、長時間の取調べによる任意性を争う場合に、法廷で、全部を再生して視聴するか、という問題がある。審理時間との関係もあるので、場合によっては、公判準備の中で、審査することも検討しなければならない。

　また、録音・録画以外の時間で、任意性に問題のある行為があった場合は、逆に、視聴しても意味がないこととなる。

　なお、平成28年の刑事訴訟法改正により、任意性の担保のために、録音・録画記録媒体を証拠調べ請求をすることとなっているが、任意性に争いのない場合には、取調べをしない可能性もあると思われる。

（裁判官）

V-1-(9) 被害者参加制度と被告人側の弁護活動

　被害者が法廷でいろいろと発言することについては、特に裁判員裁判の場合では皆それなりに重く受け止めることが多い。したがって、被害者の参加する事件では、弁護人は、それを前提とした活動が必要になる。その場合、被害者の言い分を潰す方向よりは、事件の捉え方で、別の観点を指摘したほうがいいかもしれない。目の前で泣いている人の気持ちもわかるけれども、被告人にも事情があるとか、である。

　特に被害者の活動は、審理の最後に行われるのであり、ひととおり全部終わった後、意見陳述したりとか、被害者論告のようなことをやるので、印象もかなり残る。一般人である裁判員は、被害者に共感を覚えることが多い。

　弁護人としては、直ちに潰したいかもしれないが、下手な反論をすると、得てして、事を荒立てることとなり、被害者の大声のみが残るような結果が多い気がする。

　被害者側の落ち度に関しても、落ち度があるからといって、犯罪を犯していいという理屈はないので、正面から、被害者に落ち度があると弁論しても、裁判員の共感を得ないこともある。この辺りは、表現方法の検討が必要であろうか。

（裁判官）

V-2 冒頭手続

　第1回公判期日の最初の手続を冒頭手続という。手続の流れは概略次のとおりである。大半の手続は粛々と進行するが、被告人が暴れたり、弁護人が突然求釈明したりといった、波乱の幕開けもあり得る。

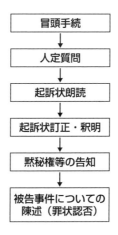

V-2-(1) 起訴状に対する求釈明

　弁護人・被告人は、裁判長に対し、釈明のための発問を求めることができるが、釈明の主体は裁判長であり、裁判長が必要と認めた事項に限り、釈明が求められる（規208条）。

　起訴状に関する釈明は、被告人および弁護人が被告事件に対する意見陳述をなすのに必要または有益な事項に限られるべきであり、基本的に公訴事実に関するものでなければならない。公訴事実について、裁判所からみて釈明を求めることが必要な範囲は、256条3項の規定に照らし、一般に、訴因の明示に必要な事項である（最判昭和33年1月23日刑集12-1-34）。

　公判前整理手続に付された事件では、弁護人・被告人は、その中で起訴状についての求釈明申立てを行う（316条の5）。一般的には、検察官の証明予定事実記載書面が提出された後、証明予定事実についての求釈明申立てと併せて行われることが多い。

　公判前整理手続に付されない事件で、事前準備が行われる場合には、被告人側から事前に求釈明事項を書面化して検察官に通知し、検察官も可能な限り事前にこれに応答する例が多い。この場合の公判廷における釈明手続は、弁護人が求釈明申立書を朗読し、裁判長がそのうち必要と認めるものについて釈明を命ずるか、あるいは検察官に任意の釈明を促し、その釈明を得たうえで、なお必要があると認める点について裁判長が釈明を命ずるという方式が一般的である。

　事前準備が行われない事件では、第1回公判期日において検察官による起訴状朗読の後、被告人および弁護人の被告事件に対する意見陳述の前に行う。

（弁護士）

V-2-(2) 打ち合わせと違う罪状認否

　事前の打ち合わせにより、被告人が公訴事実を認めると言うはずが、公判では否認することがある。あるいはその逆もある。

　この場合、何を言っても、弁護人としては、「被告人と同様です」と陳述するのも一手であるが、否認か自白かでは、その後の証拠調べに対する意見や弁護方針が、まったく違うものとなる。

　そこで、非常に格好が悪いが、事前の打ち合わせと異なるとして、休廷を申し入れることを検討することになる。再度、被告人と打ち合わせのうえ、罪状認否に臨むこととなる。なお、公判準備、あるいは公判前整理手続を経ている場合は、自白か否認かを、裁判所も認識しているので、事情は理解してもらえるはずである。

（弁護士）

V-3 証拠調べの流れ

V-3 証拠調べの流れ

V-3-(1) 裁判官裁判における検察官の冒頭陳述

　検察官は、公判前整理手続を経た事件か否かにかかわらず、証拠調べの冒頭で冒頭陳述を行う。冒頭陳述では、証拠により証明すべき事実を明らかにしなければならない。ただし、証拠とすることができず、または証拠としてその取調べを請求する意思のない資料に基づいて、裁判所に事件について偏見または予断を生ぜしめるおそれのある事項を述べることはできない（296条）。

　検察官の冒頭陳述は、「証拠調の冒頭において検察官に事件の全貌を明らかにする主張を行なう機会を与え、もって裁判所に対し審理方針樹立および証拠の関連性などの判断の資料を提供するとともに被告人側の防御の便に資するものである」（松尾浩也監修『条解刑事訴訟法〔第4版増補版〕』（弘文堂・2016）628頁）。

　裁判員制度開始後も、裁判官裁判における検察官の冒頭陳述に基本的には変化はないが、簡潔になっている傾向はある。一般的な事案では、A4用紙1枚程度にまとまっていることが多い。

（裁判官）

V-3-(2) 裁判官裁判における弁護人の冒頭陳述

　被告人または弁護人も、検察官が冒頭陳述を行ったあと、裁判所の許可を得て、証拠により証明すべき事実を明らかにすることができる（規198条1項）。証拠とすることができず、または証拠としてその取調べを請求する意思のない資料に基づいて、裁判所に事件について偏見または予断を生ぜしめるおそれのある事項を述べることはできない点は、検察官の冒頭陳述と同様である（規198条2項）。

　公判前整理手続に付された事件については、被告人または弁護人は、証拠により証明すべき事実その他の事実上および法律上の主張があるときは、検察官の冒頭陳述に引き続き、これを明らかにしなければならない（316条の30）。

　実際に弁護人が冒頭陳述を行う例は多くはなく、行う場合にも、裁判員裁判と異なり、争いのある事実がわかる程度の簡潔なもので足りる。実施時期は、検察官の冒頭陳述の後であれば、その直後でも、また検察官立証が終了した後、弁護側立証の冒頭でもよい。

（裁判官）

Ⅴ-3-(3) 裁判員裁判における検察官の冒頭陳述

　裁判員裁判における冒頭陳述では、検察官・弁護人とも、公判前整理手続における争点および証拠の整理の結果に基づき、証拠との関係を具体的に明示しなければならない（裁判員55条）。

　裁判員裁判では、検察官・弁護人の冒頭陳述が、裁判員が最初に当事者の訴訟活動に触れる機会であり、ここでの第一印象がその後の立証活動や論告弁論の説得力に影響することも多い。また、手続の冒頭であり、裁判員の緊張の度合いも高い。そのため、いかに裁判員の理解を得ることができる冒頭陳述を行うか、これまで工夫がなされてきた。

　検察官の冒頭陳述は、裁判員制度の準備段階や開始当初は、パワーポイントを利用して、スライドを画面に映して行うスタイルであったが、現在は、A3見開きないしはA4用紙1枚程度の一覧性のある冒頭陳述メモを利用するスタイルが定着している。

　立証責任を負う検察官の冒頭陳述では、まず事件の概要を説明し、争点を摘示して、争点に関する説明と検察官の結論を述べる必要がある。これに対し、事件に至る詳細な経緯や事件時の細かな言動は、証拠を取り調べて初めて明らかになることにより、裁判員が新鮮な状態で証拠に触れ、そこから心証を形成することに資する。そこで、冒頭陳述では詳細な事実を述べず、証拠調べのガイドマップのように位置付けた「思わせぶり冒陳」（清野憲一「裁判員裁判における冒頭陳述と論告・弁論」編集代表髙嶋智光『新時代における刑事実務』（立花書房・2016）355頁）と呼ばれるスタイルが、検察官の冒頭陳述では多くみられる。

　時間としては10〜15分程度で実施する例が多く、ほとんどの検察官が用意した原稿を検察官席で読み上げて行っているが、弁護人の冒頭陳述に合わせて証言台の前で実施する例も、少ないながらみられるようになっている。

（裁判官）

V-3-(4) 裁判員裁判における弁護人の冒頭陳述

　事件の概要については、弁護人が重ねて同じ説明を行う必要はない。弁護人の冒頭陳述では、争点を摘示して、弁護人としての結論とその結論に至る理由を簡潔に説明し、「それについてはこの証拠をみてください」というように証拠のガイドを行う。

　検察官の冒頭陳述と同様、弁護人の冒頭陳述も、裁判員が最初に弁護人の訴訟活動に触れる機会であり、裁判員が吸収できる情報量には限りがあることに注意する必要がある。冒頭陳述で被告人の生育歴を詳細に述べる例があるが、犯行とのつながりを意識せず、ただ被告人の人となりを述べるだけでは、裁判員にはなぜその事実が必要になるのか理解できないこともある。生育歴等に触れるのであれば、犯行に至る経緯や背景とのかかわりを説明し、証拠調べで生育歴にも注目するよう促すなど工夫したい。

　冒頭陳述のスタイルとして、弁護人が証言台の前に立ち、原稿を手に持たず（ペーパーレス）に裁判官・裁判員とのアイコンタクトを図りながら行う例も多い。弁護人が自分の言葉で、訴えかけるように冒頭陳述を行うことで、説得力が増す場合もあるが、ペーパーレスであることにこだわって途中で言葉に詰まってしまうなどすると、裁判員から弁護人に対する信頼感に疑問を持たれてしまうこともある。法廷ドラマのようなパフォーマンスが裁判員から不評を買う場合もある。プレゼンテーションの方法はそれぞれであるが、内容が伴っている必要があることは当然である。

　配布資料については、検察官と同じ体裁でなくてもよいが、一覧性が高く文字量の多くないものが、裁判員からも好評であり、審理の間に参照しやすい。パワーポイントのスライドを印刷した資料は、一覧性がなく参照しにくい。資料配布のタイミングは、口頭での説明を聞きながら、内容を視覚的にも確認できるため、事前が望ましい。

（裁判官）

V-3-(5) 裁判員に理解しやすい冒頭陳述とは

冒頭陳述の場で事件のすべてを理解してもらおうとするのは無理だということを意識する必要がある。検察官の冒頭陳述では事件の概要と争点の説明、弁護人の冒頭陳述では争点に対する弁護人の見解を端的に説明することが求められる。

証拠調べが進むにつれ、裁判員の理解も進んでいくものであり、冒頭陳述では、それぞれの主張の大枠を理解してもらうことを目指すべきである。

冒頭陳述後の休廷時間に、裁判官と裁判員が当事者の冒頭陳述について復習する機会を設けるが、大枠を端的に述べる冒頭陳述では、その場で裁判員の理解も進んでいるため、双方の陳述の内容を確認する程度で、さらに説明を要することは少ない。これに対し、詳細な冒頭陳述が行われた場合には、その内容を裁判員が理解するために裁判官から説明する必要が生じ、その説明で休廷時間が終わってしまうこともある。

冒頭陳述の復習が短時間で終われば、残りの休廷時間を使って、当事者から配布された証拠一覧表などをみながら、その後の証拠調べのために証拠の確認を行うことができる。

多くを求めず適切な情報量にすることが、理解しやすい冒頭陳述には求められる。

(裁判官)

V-3-(6) 検察官からみた裁判官裁判と裁判員裁判との違い

　裁判官裁判と裁判員裁判の公判において、検察官が主張する事実とそれを立証する証拠の内容自体には基本的に差異はない。

　しかし、裁判員裁判では、刑事裁判に接するのが初めてという一般国民にとってもわかりやすい審理でなければならないことから、検察官が公判において事実を主張するときの主張の仕方と、事実を立証する方法は裁判官裁判の場合と大きな違いがある。

　裁判員裁判では、公判廷で、裁判員が、目で見て、耳で聞いて、その場ですぐに理解することができる、わかりやすい主張と立証の方法が必要である。

　具体的には、検察官が行う冒頭陳述と論告は、裁判官裁判では、文章を綴ったままの書面を公判で朗読するのが通例であるが、裁判員裁判では、パブリッシャー等の DTP ソフトを用いて、事件関係者の人物関係図や時系列の一覧を盛り込むなど、一覧性があり、理解しやすい冒頭陳述メモを作成して裁判員と裁判官に配布し、そのメモに沿った冒頭陳述を行っている。論告についても同様である。

　事実を立証する方法についても、裁判官裁判では、警察官等が証拠収集して作成した書証を、証拠の要旨の告知という形で証拠調べを行い、事実関係に争いがない供述調書の供述人については証人尋問を実施しないことが通例である。これに対して、裁判員裁判では、大量の書証を公判廷でただ朗読したのではその場で理解してもらうことは困難であるから、犯行場所の状況等、争いのない客観的な事実関係を簡潔にまとめた統合捜査報告書を検察官が作成し、公判廷で、裁判員に図面や写真等をみてもらいながら、全文を朗読して証拠調べを行い、たとえ事実関係に争いがなかったとしても、事件にとって重要な事件関係者の証人尋問を実施して、直接見聞きしてもらうなどの工夫がなされている。

　また、裁判員裁判では、このような理解しやすい公判審理を、連日的な

V-3 証拠調べの流れ　163

開廷によって実現するために、必ず公判前整理手続が行われ、検察官、弁護人双方の主張をあらかじめ明らかにして、争点を整理し、立証に必要な証拠を絞り込み、公判の審理計画を立てておくことが綿密に行われている。その中では、検察官が弁護人の請求等に基づき、証拠開示を行う手続も実施されている。

（検察官）

V-4 証拠

　刑事裁判での事実認定は、公判廷に提出された証拠のみに基づいて行われる（証拠裁判主義。317条）。証拠の評価は事実認定者の自由な判断に委ねられるが（自由心証主義。318条）、公判廷へ提出し事実認定に用いることが許される資格（証拠能力）については、様々な点から制限が加えられている。

　起訴状に記載される訴因には、審判対象画定機能と防御範囲限定機能があるといわれるが、訴因がこのような機能を果たすには、公判廷に提出できる証拠が、訴因と関連性・重要性のある証拠に限定されなければならない。

　正確な事実認定に基づいて被告人の有罪・無罪を判断することは、刑事裁判で最も重要なことの1つである。供述証拠には、人が事実を認識して供述するまでの過程で誤りが混入するおそれがあるため、誤りがあればそれを相手方当事者の反対尋問によって明らかにする必要があると考えられている。そのため、事実認定者の面前での反対尋問を経ていない供述は証拠能力を否定するとの原則（伝聞法則。320条）が採られている。もっとも、反対尋問を経ていなくても信頼性が確認できる場合もあり、伝聞法則には様々な例外が認められている（321条～328条）。

　被告人の供述（自白）については、証人の場合とは異なり、任意性を基準に証拠能力が判断される（319条1項、322条2項）。違法・不当な取調べ方法が用いられると、虚偽自白を引き出すおそれが生じるほか、被疑者・被告人の黙秘権を侵害するおそれも生じる。そこで、自白の任意性は、自白の信憑性の確保と、黙秘権保護のための取調べの適正化確保の双方の観点を中心に、取調べを取り巻く事情を総合して判断される。

　自白は、犯罪事実のすべてを物語ることから、自白の評価の誤りは誤判に直結する。そこで、現行法は慎重を期して、自白がどれほど信用できると考えられても、自白の裏付けとなる証拠（補強証拠）がなければ、決し

て有罪とすることはできないとの原則（補強法則）も採用している（319 条2 項）。

　供述証拠以外の証拠は、獲得方法に違法があっても証拠価値が変わるわけではない。しかし、判例は、令状主義の精神を没却するような重大な違法、すなわち、逮捕、捜索・押収に関わる諸規定を無視し、その存在意義を失わせるような重大な違法活動があった場合には、それに由来する証拠の証拠能力を否定するとの原則（違法収集証拠排除法則）を採用している。

（柳川重規）

V-4-(1) 証拠の種類

　証拠は、事実認定の根拠となる資料（証拠資料）である。その資料を法廷に持ち込む媒体（人、物、書類）を証拠方法という。証拠方法には人証、物証および書証があり、証拠資料とは、これらの証拠方法を調べることによって得られた内容である。

　証拠を考える際には、まず、要証事実（証拠によって証明する事実）と間接事実（要証事実を間接的に推認させる事実）とを理解したうえで、具体的に、どの証拠で立証するかを検討することとなる。証拠の種類には、
　　・直接証拠と間接証拠
　　・実質証拠と補助証拠（弾劾証拠・補強証拠・回復証拠）
　　・供述証拠と非供述証拠
などがある。

Ⅴ-4-(2) 証拠能力と証明力

　証拠能力とは、訴訟において事実認定のための証拠として使用することのできる資格をいう。証拠能力が否定される証拠の主なものを挙げれば、関連性のない証拠、伝聞証拠、任意性のない自白、違法な証拠調べ手続による証拠、違法収集証拠である。

　証明力とは、証拠の持つ一定の事実を認定する力をいう。証明力に関しては、自由心証主義（318条）との関係で、裁判官の自由な判断に委ねられているが、論理則や経験則に即した合理的なものでなければならない。法律実務家にとっては、個々の証拠の証明力を理解することが最も重要であるといっても過言ではない。特に、間接事実の見極め、あるいは、間接事実からの推認の射程距離など、である。この点の習得には、多くの裁判例をみることに加え、常に、社会常識を養い、合理的な判断能力を身に付けるような不断の努力を要する。

　自由心証主義の例外は、自白に関して補強証拠がない場合には、有罪の認定をしてはならないことである（319条2項）。

V-4-(3) 最低限理解しておくべき伝聞証拠とは

　伝聞証拠は、反対尋問を経ていない公判廷外の供述であるが、実務上は、321 条から 328 条の例外規定により、公判廷に証拠として提出されることが多い。

　したがって、まず、当該証拠が、供述証拠であるか否かの見極めが必要である。

　次に、供述証拠である場合には、個々の条文が定める例外が許容される要件を理解すべきである。

V-4-(4) 最低限理解しておくべき自白法則とは

　任意性のない自白には証拠能力がないこと、自白には補強証拠が必要であること、はいうまでもないが、任意性がないとはどういうことか、補強証拠とは何か、については、当然理解しておかなければならない。

　今一つは、自白の信用性である。どのような場合に、信用性がないと判断されるかの理解を要する。

　いずれも、過去の裁判例に対する理解が大前提である。

　なお、近時は、裁判員裁判の影響もあり、公判中心主義・直接主義が重視され、公判において被告人の供述調書がそれほど重視されておらず、弁護人が任意性を争って不同意との意見を述べた場合、検察官が、被告人質問後に証拠請求を撤回することもまれではない。また、被告人質問において自白調書に記載された事実に関する供述がなされると、自白調書を取り調べる必要性がないとして、請求が却下されることもある。

170　V　公判とは何か

V-4-(5) 違法収集証拠排除法則について

　違法収集証拠排除法則に関しては、最高裁の判例の射程距離の理解も必要であるが、捜査方法が科学の進歩等により、日々変わっていくことの理解も必要である。また犯罪の鎮圧、法秩序の維持という観点から、犯人逮捕に向けた捜査方法は変わっていく。これに対し、基本的人権の尊重、適正手続の保障という観点から、捜査の限界点を見極める必要がある。

　基本となるものは、憲法の規定の解釈であり、令状主義の精神ということとなろう。ただ、捜査方法が判例上問題となると、新たな捜査方法が立法化されることに注意を要する。

V-5 証拠調べ

公判廷での証拠調べには、
- ・証人尋問
- ・鑑定
- ・通訳、翻訳
- ・証拠書類の取調べ
- ・証拠物の取調べ
- ・検証
- ・被告人質問

がある。各々の方法については、刑事訴訟法および刑事訴訟規則に定められているので、確認されたい。

V-5-(1) 書証の取調べ

　裁判官裁判の場合の書証取調べは、朗読することはほとんどなく、通常は要旨の告知により行う。もっとも、裁判員制度開始前に比べて、法廷で書証の内容が理解できるように詳しく要旨の告知を行うケースが増えている。裁判官裁判でも乙号証の取調べに先行して被告人質問を行う場合もあり、法廷で心証をとれるような立証活動が求められる。

　裁判員裁判の場合の書証取調べは、朗読により行う。検察官の立証では統合捜査報告書が活用され、犯罪事実の認定や量刑判断に必要な事実をわかりやすく立証する工夫がなされている。弁護人の立証でも、統合捜査報告書が活用されるケースは多い。原証拠の中から必要な事実を取捨選択した統合証拠が法廷に顕出されることにより、裁判員がその場で心証をとることができ、要証事実から離れた枝葉末節にわたる事情にまで立証が広がることも少ない。

（裁判官）

V-5-(2) 電子メールやチャット等が証拠になる場合

　主に裁判員裁判では、電子メール等のやり取りは必要な範囲に絞って証拠化される。やり取りを書面にした書証を法廷内のモニターに映し、その内容を朗読する方法により取り調べるのが一般的であるが、よりわかりやすくするために、送信者と受信者のパートを別々の検察官（弁護側立証の場合は弁護人）が交互に朗読することもある。重要なポイントとなる部分については、書証の取調べだけでなく、証人尋問や被告人質問において示したりして、より裁判員が心証をとりやすいよう工夫をしている。

　注意を要するのは、証拠化する範囲を絞りすぎてしまって前後の文脈がわからなくなり、切りとられた一部分だけが法廷に顕出されることで、本来のやり取りの意味とは違う心証が形成されてしまうことである。当事者は、電子メール等のやり取りを証拠化する際に、この点も意識する必要がある。

（裁判官）

V-5-(3) 書画カメラ・法廷内モニターの使い方

　書証の取調べにおいて法廷内のモニターを利用する際には、裁判員が目で見て、耳で聞いて、理解できる内容と速さに留意する必要がある。写真等をモニターに映す際には、その順序や説明の内容で工夫ができるし、電子メール等の文字量が多い書証を映す際には、朗読の速さで工夫ができる。常に裁判員が理解できているか確認し、その場で心証をとってもらうことを意識した立証活動が求められる。

　同様に、証人尋問や被告人質問で書画カメラやモニターを利用する際にも、その場で心証をとれる示し方に留意してほしい。例えば、現場見取図を証人に示し、位置関係を記入させたことで満足してしまって、裁判官・裁判員がその内容を確認する間もなくすぐに書面を引き上げてしまう例もまれにみられるが、それでは裁判官・裁判員がその場で心証をとることは難しい。また、情報量の多い書面を示す際には、尋問等の中で、どの部分が重要で、どの部分はそれほど重要でないという説明をうまく聞き出していくと、裁判員の理解の助けになる。

　この点は、裁判員裁判に限らず、裁判官裁判で書画カメラを利用する場合も同じである。裁判員制度の導入により、裁判所や当事者の意識も変わってきており、裁判官裁判でも、裁判所の理解を意識した立証が行われる例もみられる。裁判官裁判であっても、法廷で心証をとることの重要性は変わりなく、当事者にも留意してもらいたい。

（裁判官）

Ⅴ-5-(4) 主尋問と反対尋問の違い

　主尋問は、立証すべき事項およびこれに関連する事項について行い、また証人の供述の証明力を争うために必要な事項についても尋問することができる（規199条の3第1項・第2項）。反対尋問は、主尋問に現れた事項およびこれに関連する事項ならびに証人の供述の証明力を争うために必要な事項について行う（規199条の4第1項）。

　主尋問は、自己側証人の尋問であり、尋問者が答えをコントロールする尋問を防ぐため、原則として誘導尋問は禁止されている（規199条の3第3項本文）。例外的に、誘導尋問の必要があり、かつ弊害がないか比較的少ない場合には、誘導尋問も許容される（規199条の3第3項ただし書1号〜7号）。誘導尋問ができる場合であっても、書面の朗読その他証人の供述に不当な影響を及ぼすおそれのある方法による尋問は認められない（規199条の3第4項）。

　反対尋問においては、反対尋問が主としてすでに主尋問に現れた事項について行われるものであり、かつ、相手方証人に対する尋問であることから、原則として誘導尋問が許される（規199条の4第3項）。

　尋問にあたっては、できる限り個別的かつ具体的で簡潔な尋問によらなければならず、威嚇的または侮辱的な尋問、すでにした尋問と重複する尋問、意見を求めまたは議論にわたる尋問、証人が直接経験しなかった事実についての尋問は、原則として許されない（規199条の13）。

176　Ⅴ　公判とは何か

ONE POINT ADVICE 24

反対尋問はうまくいくか

　結論からいって、作られた証言でない限り、反対尋問はうまくいかない。記憶に基づいて、正確に証言している以上、崩すことは容易ではない。崩しにいって、かえって、証言を固めてしまうこともままある。

　とはいえ、証言の信用性を弾劾する手段は、反対尋問である以上、本当か嘘かの確認をしなければならない。

　その場合のポイントは、当該証人によって証明しようとする要証事実は何か、証人の信用性を高めようとする補助事実は何かを、証人尋問に臨んで、明確かつ具体的に認識しておくことである。

　例えば、情状証人として親族が呼ばれた場合に、弁護人の主尋問では、再犯のおそれのないことを立証することとなろうが、検察官の反対尋問では、監督できる時間的・場所的環境にあるか、本件犯行に至るまでなぜ犯行を阻止できなかったのか、等、監督能力を細かく確認することとなろう。逆にいえば、弁護人としては、検察官の反対尋問に耐えられるように、証言の打ち合わせをするか反対尋問を先どりして、監督能力を細かく確認することとなろう。

　犯罪事実について、目撃証言であれば、見え方、見方などあらゆる角度から、反対尋問をぶつけることとなる。

　そして、最も注意すべき点は、主尋問に現れたものに対してしか、反対尋問ができないという点である。集中して、主尋問を聞きながら、その場で尋問事項を作り上げなければならないことである。有利な事実、不利な事実を瞬時に判断し、不利な事実に対して、反対尋問（誘導尋問を含む）を練り上げる、ということである。

　その場で崩せなければ、裁判官の心証は形成されてしまう、といっても過言ではない。

（弁護士）

V-5-(5) 検察官からみた証人尋問のポイントと尋問訓練

　証人尋問のポイントとして挙げられることといえば、まず、①その証人からどのような証言を引き出すかという、立証目的の設定を的確に行うこと（例えば、犯行を目撃した証人であれば、具体的な目撃状況のほか、現場の明るさなどの目撃環境が良好であることを引き出すなどの目的設定）、そして、②その証言を引き出すため、どのように尋問をしていくか、つまり、立証目的を達成するため最適な尋問方法（例えば、目撃した位置を図面に書いてもらうなど）、尋問の順序（例えば、証人が答えやすい順序）などを事前に十分に検討しておくことである。

　そのためには、事前に、証人から得られる見込みの証言が、検察官が立証しようとする事実において、いかなる位置付けにあるのか、ほかの証拠との間にどのような関係があるのかなどを十分に検討し、どの証言を法廷で出さなければならないのかという目標を的確に把握することが何より肝要である。

　次いで、事前にその目標の証言をどのような聞き方で、どのような順序で聞いていくかについても十分に検討し、適切な証人テストを行い、証人尋問に臨むべきである。

　このような事前の検討や準備なくして、ただ証人の捜査段階での供述調書をなぞっていくような証人尋問では、立証目的が達成できない場合もある。

　検察官は、平素、証人尋問を要する事件につき、立証目的を検討し、目標である証言を引き出すための尋問順序、発問方法などを記載した尋問事項メモなどを作成し、ほかの検察官からの助言指導を得るなどし、また、成功事例、失敗事例について勉強会などを開いて経験を共有し、尋問技術向上のための訓練をしている。

（検察官）

ONE POINT ADVICE 25

証人尋問の「失敗談」

　それは、男性である被告人が、自宅で、実母を殴って怪我をさせたという傷害事件であった。
　被告人は、殴ったことを否認していたため、実母を証人尋問することになった。
　実母は、これまでに何度も被告人から暴力をふるわれており、捜査段階の供述調書においては厳重処罰を希望し、証人テストの際には、老後を安心して生活するためにも、息子を刑務所に入れてほしい、自宅には帰ってきてほしくないと述べていた。
　しかし、証人尋問当日、証人尋問の最後に、被告人への処罰感情を尋ねた途端、実母は、泣きながら、「こんなふうに育てた私にも落ち度があるんです。処罰はしないでください。許してやってください」などと想定していなかった証言を始めた。法廷で被告人の姿をみたことで、親子の情が湧いてきてしまったのである。これは失敗談というわけではないが、肉親の情、親子関係の機微などといったものに関してまだまだ認識が不十分であったことを感じさせられた体験である。

(検察官)

ONE POINT ADVICE 26

尋問準備の手抜きは危険

　ある弁護士の体験談であるが、被告人の情状立証で、勤務先の飲食店の店長を出すこととし、事前に打ち合わせをしようとしたところ、証人が忙しく、当日、直接裁判所に来てもらうことにした。弁護士は、電話で、尋問事項を打ち合わせて、情状立証に臨んだ。

　当日、裁判所に来た店長は、パンチパーマにサングラス、ジージャンといかにも、情状証人らしからぬ格好であった。サングラスは外してもらったが、一見すると、反社会的勢力かと見間違えるほどの外見であった。さすがに、言葉遣いはまともであったが、検察官も裁判官も、根掘り葉掘り、本人の素性を確認し、最後まで、監督能力に疑問があるような尋問内容であった。

　結果は実刑であった。

（弁護士）

V-5-(6) 裁判官からみた効果的な尋問

　1つは、肩の力を抜いて、臨機応変に対応することが重要である。それを実現するためには、すべての記録を精査して、証人の証言がこうなったらこの点が問題になるという想定を、十分に準備することが必要となる。しかし他方で、想定される尋問を準備しすぎて、そのとおりに持って行こうとしすぎる尋問も散見される。期待する答えを引き出そうと何度も問いを繰り返せば、主尋問においては尋問者が誘導しているという印象を与え、反対尋問においては意見を押しつけているように受けとられる。むしろ、証人の回答をうまく捉えて、それに応じて臨機応変に尋問を組み立てていくことが効果的な尋問につながるといえる。

　もう1つは、反対尋問であっても、その場で尋問の意図が伝わる工夫が必要である。裁判官であれば、ほかの証拠と矛盾する証言が出れば、その場で、あるいは論告弁論での説明を聞いて理解できるが、裁判員の場合は、その場で意図がわからない質問を聞くと、置き去りになっているようで苦痛に感じるだけでなく、印象に残らないため論告弁論で説明を聞いても説得力につながらない。意図が伝わると言い逃れされてしまうことを危惧する考え方も十分理解できるが、そこで言い逃れできる程度の証言であれば、裁判官・裁判員の心証には響かない場合が多いことに留意してほしい。

（裁判官）

V-5-(7) 補充質問や尋問への介入

　尋問の順序は、原則としてまず裁判長（または陪席の裁判官）が尋問し、その後で当事者が尋問することとされているが（304条1項・2項）、実務上は交互尋問方式により尋問が行われ、裁判長の尋問は、補充尋問として行われる例がほとんどである。補充尋問が行われるのは、正に、裁判所が聞きたい部分が尋問に出てこなかった場合である。裁判長の補充尋問により、裁判所の心証が垣間みえると思われる。

　なお、裁判長は、必要と認めるときは、いつでも訴訟関係人の証人、鑑定人、通訳人または翻訳人に対する尋問を中止させ、自らその事項について尋問することができる（規201条1項）。これは、審理の円滑な進行、実体的真実の発見のために裁判長の介入権を認めたものである。

　裁判長が当事者の尋問中に介入するケースは、当事者が何を聞いているのかわからない場合が最も多い。また、誘導や不相当な尋問に対して介入するケースがある。後者の場合、裁判長が介入する前に、相手方当事者が異議を出すことが望ましい。証拠調べは公判期日における裁判長の訴訟指揮権行使（294条）の範囲内であり、介入の程度も裁判長によって様々である。

（裁判官）

V-5-(8) 証人尋問に対する異議

　検察官、被告人または弁護人は、証拠調べに関し異議を申し立てることができる（309条1項）。この異議申立ては、法令の違反があることまたは相当でないことを理由としてこれをすることができるが、証拠調べに関する決定に対しては、相当でないことを理由としてこれをすることはできない（規205条1項）。つまり、当事者は、証人尋問における相手方当事者の尋問について、法令の違反があることまたは相当でないことを理由として異議を述べることができるが、異議に対する裁判所の決定（309条3項）に対しては、法令の違反があることを理由とする場合に限り、異議申立てを行うことができる（規205条2項）。

　そこで、証人尋問における相手方当事者の尋問について異議を述べるこ

異議事由一覧表

根拠条文(刑訴規)	異議事由	該当
199の3 Ⅲ	主尋問における誘導尋問 （同ただし書1号～7号の例外の場合は可）	（主尋問）
199の3 Ⅳ	証人の供述に不当な影響を及ぼすおそれのある誘導尋問	書面朗読その他（主尋問）
199の3 ⅢⅤ	相当でない誘導尋問	誤導、前提誤認、推測要約不相当（主尋問）
199の4 Ⅳ	相当でない誘導尋問	誤導、前提誤認、推測要約不相当（反対尋問）
199の13 Ⅱ①	威嚇的または侮辱的な尋問	
199の13 Ⅱ②	すでにした尋問と重複する尋問（正当理由あれば可）	
199の13 Ⅱ③	意見を求めまたは議論にわたる尋問（同上）	
199の13 Ⅱ④	証人が直接経験しなかった事実についての尋問（同上）	伝聞、仮定、未経験事実
199の3 Ⅰ 199の4 Ⅰ 199の7 Ⅰ	範囲外・関連性のない尋問	（主尋問） （反対尋問） （再主尋問）
199の13 Ⅰ	個別的または具体的でない尋問	

V-5　証拠調べ　183

とのできる場合は、主に前頁の異議事由一覧表のとおりとなる。

　尋問に対する異議は、相手方当事者の違法または不相当な尋問による証拠が法廷に顕出されることを防ぐものであり、臆することなく異議を述べるべきである。ただし、理由がなく、相手方当事者の尋問の流れを遮断するためだけに異議を述べることについては、戦術の1つと考える余地もあるが、裁判所によい印象を与えない場合もあるので注意を要する。

　さらに、異議には反射神経も必要である。証人が答えてしまった後に異議が述べられるケースもまれに見受けられるが、証人が答える前に異議を述べ、相手方当事者の適切でない尋問を止める反射神経の良さが求められる。

V-5-(9) 補充尋問に対する異議

　違法または不相当な尋問による証拠が法廷に顕出されることを防ぐ必要性は裁判官による尋問であっても変わりなく、裁判官の補充尋問に対しても、臆することなく異議を述べるべきである。この場合は、反対尋問の法則に従って差し支えない。

　他方で、裁判員裁判における裁判員の補充尋問に対しては、裁判員が法律の専門家でないことに鑑み、萎縮効果を生まないよう配慮が求められる。相手方当事者に対するように鋭く異議を述べるのではなく、裁判長に対して柔らかく問題点を指摘するような異議の述べ方も工夫してほしい。なお、裁判員の補充尋問に不適切なところがあれば、裁判官が制止する場合もある。

（裁判官）

V-5-(10) 裁判員向けの尋問技術

　裁判員裁判において、証人尋問は、立証活動で大きなウェイトを占めるものである。

　選任された裁判員は、証人尋問というものに立ち会った経験のない人が大多数であり、検察官が、裁判員にとってわかりやすい適切な尋問をしていかなければ、その証人の話のどこがポイントであるのかなどがよくわからないまま証人尋問が終了してしまうこともあると思われる。

　したがって、検察官は、裁判員が聞いてわかりやすい尋問をしていくことが肝要であることはいうまでもない。

　そこで、検察官は、平素、裁判員裁判における証人尋問の技術向上のため、立証目的を検討し、目標である証言を引き出すための尋問順序、発問方法などを研究している。例えば、これからどのような事項の尋問をするのかをまずアナウンスする方法、時系列にとらわれない尋問順序など、その証人尋問に応じた発問方法を検討することや、成功事例・失敗事例について勉強会などを開いて広く経験を共有したり、ほかの検察官に証人役になってもらい証人尋問のリハーサルなどを実施したり、ほかの検察官から助言・指導を受けるなどして、尋問技術を磨く訓練を常に行っている。

（検察官）

V-5-(11) 否認事件立証のポイント

　否認事件においては、まず争いのある事項とない事項を整理し、争点を明確にしたうえで、争いのある事項については、どの証拠によりどのように立証するかを検討し、立証計画を策定する必要がある。例えば、被告人が、被害者を脅して、現金を強奪したという強盗事件において、①そもそも、被告人が、その現場にいたことに争いがあるのか、②その争いがなければ、被害者を脅したことに争いがあるのか、③その争いがなければ、被害者を脅した程度が反抗抑圧程度に達していたことに争いがあるのかを検討して、立証計画を策定することになる。

　否認事件では、弁護人が書証に同意しないことが多いため、どの争点をどの人証により立証するかを計画し、証人として請求予定の者には、早期の段階で連絡をし、日程調整や証人テストを行う必要がある。

　また、弁護人から証拠について事前に不同意等の見通しを聞いた場合でも、争いのない事項についてはさらに一部同意の可能性を打診するなどし、できるだけ争点中心の効果的な証人尋問ができるよう心掛ける必要がある。

　加えて、公判の推移により、当初の立証計画どおり立証することが必ずしも適当ではない場合も出てくることから、いたずらに当初の立証計画に固執することなく、公判の推移に応じた柔軟な対応を行うことが肝要となる。例えば、証拠調べの進展に伴い、証拠によって認定しうる事実自体に変動が生じ、訴因変更を検討したり（例えば、前記の強盗事件において、被告人が、指示者を供述し、指示者との共謀共同正犯の嫌疑が浮上したような場合）、審理促進の見地から、証人申請の撤回等により審理期間の短縮を図ったりすることがある。

（検察官）

V-5-(12) 専門家証人の尋問の留意点

　主に裁判員裁判では、当事者からの尋問の前に鑑定人が鑑定結果についての説明をする、「プレゼン方式」による尋問が行われる例が多い。鑑定人には高いプレゼンテーション能力が求められる。

　引き続いて行われる当事者からの尋問では、鑑定人の経歴や経験に関する事項、前提となる事実、精神機能や症状と事件との関連性などについて、鑑定人に確認していくことになる。尋問者に求められるのは、専門的な知識・知見に対する十分な理解と、それを前提として裁判員がその場で理解できる平易な説明を引き出す技術である。

　また、「被告人の精神状態が刑法 39 条にいう心神喪失又は心神耗弱に該当するかどうかは法律判断であって専ら裁判所に委ねられるべき問題であることはもとより、その前提となる生物学的、心理学的要素についても、右法律判断との関係で究極的には裁判所の評価に委ねられるべき問題である」ことから（最決昭和 58 年 9 月 13 日集刑 232-95）、弁識・制御能力の評価や法的な結論を鑑定人には述べさせない運用が裁判員裁判では定着している。尋問者には、鑑定人に結論を尋ねるのではなく、事件に至った機序や精神障害が与えた影響についての具体的事実を聞き出し、裁判官・裁判員の心証形成につなげる技術が求められる。

（裁判官）

V-5-(13) 情状証人に対する尋問の留意点

　情状証人にもいろいろなタイプがあり、監督能力が高い証人もいれば、ほとんど監督能力が期待できない証人もいる。

　監督能力が高い情状証人の場合には、立証事項は主に更生環境の整備状況になり、尋問では、更生に向けて整えた具体的環境や証人の監督意欲について確認していく。

　ほとんど監督能力が期待できない情状証人の場合でも、立証としてまったく意味がないということはなく、わざわざ証人として出廷してくれる人がいるという事実は、被告人が周囲から更生可能だと思われている証しとなり、自分のために証言してくれる人がいるという事実は、被告人の更生に向けた動機付けにつながる。これらの点を立証事項として意識した尋問を心掛けることが望ましい。

（裁判官）

Ⅴ-5-(14) 被告人質問先行型審理とは

　裁判員裁判においては、被告人供述調書の取調べに先立って被告人質問を実施し、必要な供述が得られた場合には、検察官が被告人供述調書の請求を撤回するか、裁判所が却下するという運用が定着している。このような審理の進め方は被告人質問先行型の審理と呼ばれることがある。

　裁判員裁判では、裁判員が法廷で的確な心証をとることができる審理のあり方が望まれる。検察官が被告人供述調書を朗読するよりも、法廷に在席している被告人から直接話を聞くほうが、よりわかりやすく、心証を形成しやすいことから、被告人質問先行型の審理は裁判員裁判になじむといえる。裁判員裁判における公判中心主義・直接主義の実現にも資する。

　さらに、被告人質問先行型の審理の利点は、裁判員裁判に限られず、裁判官裁判においても妥当するとして、裁判官裁判でも被告人質問先行型の審理が行われる例がある。事件の類型によっては、被告人供述調書による検察官立証が必要な場合もあり、すべての事件について実施される状況にはないが、法廷に在席している被告人から直接話を聞くことにより心証をとりやすいことに変わりはない。

（裁判官）

Ⅴ-5-(15) 被告人質問における犯情の聞き方

　従前の裁判官裁判の自白事件では、犯情については検察官が被告人供述調書により立証し、被告人質問では、弁護人は主に一般情状について質問していたが、被告人質問先行型の審理では、被告人供述調書の取調べに先立って被告人質問が行われることから、主質問を行う弁護人が犯情についても質問していく必要がある。

　この点、立証責任のある検察官が主質問を行うべきという考え方もありうるが、自己側証人から話を引き出すのが主尋問、相手方証人を弾劾するのが反対尋問という尋問の基本的な性質から、弁護人が主質問を行う運用が裁判員裁判だけでなく裁判官裁判においても定着している。

　弁護人が犯情について質問する場合の注意点は、まず犯罪事実の認定に必要な事項を漏れなく聞くことである。いきなり生い立ちから入るのではなく、罪体をきちんと聞き出す必要がある。加えて、重要な犯情事実は基本的には弁護人が質問し、被告人の口から話をさせることが望ましい。弁護人の主質問が不十分であると、検察官が反対質問で事細かに事実を聞き出していくことになり、被告人の言葉で十分な話ができないばかりか、隠していたような印象を与えてしまう危険もある。取捨選択はありうるにしても、どういう犯罪行為があったのかという流れを弁護人の主質問でうまく引き出していくことが求められる。

（裁判官）

Ⅴ-6 公判における心証形成に向けたポイント

　集中審理が行われる裁判員裁判において、選任された一般の裁判員、そして裁判官に公判廷において適切な心証をとってもらうため、立証責任を負う検察官は、「わかりやすい公判活動」に努めることに留意している。

　この「わかりやすい公判活動」とは、単に、平易な言葉で公判活動を行うとか印象的なパフォーマンスなどの演出を行うとかというものではなく、事実関係、情状関係の争点につき、メリハリのある主張立証を行い、何がポイントで、どのような事実などからこうした結論が導けるのかをわかりやすく的確に説明するというものである。

　そのため、検察官は、冒頭陳述、証拠調べ、論告求刑と進んでいく流れにおいて、争点に応じたメリハリのある主張立証を行い、いずれの場面でもこれらをわかりやすく説明するということにウェイトをおいている。

　冒頭陳述では、事案の概要や立証のポイント、いわば主張立証の設計図を示し、証拠調べで、その設計図に従って立証していき、論告求刑で、証拠調べのまとめとして、その結果を提示するというものであり、こうした一連の手続の流れの中で主張立証に一貫性を持たせ、わかりやすく、かつポイントに対応した説明をして、裁判員・裁判官に心証をとってもらうことを目的として公判活動に臨んでいる。

　そして、こうした主張立証のための能力向上のため、事前にほかの検察官等の前で冒頭陳述や論告などのリハーサルを行い様々な助言・指導を得るなどして、こうした「わかりやすい公判活動」のための能力向上の訓練をしている。

（検察官）

難しい事実認定

　刑事事件で、一番難しいのは、被告人と被害者だけで、目撃証人がいない事件である。例えば、暴行事件で、被害者は殴られた、被告人は殴っていないと、主張するケース、また、痴漢の事件で、触られた、触っていないと、各々が主張するケース、である。

　暴行事件でいえば、被告人と被害者とがそこで出会った経緯、元々の人間関係、犯行後の行動を総合判断することとなる。

　痴漢の事件でいえば、①被告人は、本当にやっていなくて被害者が嘘をついている場合、②犯人を間違えている場合、③何かが当たっただけの場合、など無罪の場合と、④被告人は、本当にやっている有罪の場合とがある。これも、総合的判断となるが、無罪に向けた弁護活動で気になることは、①だけを主張する場合や①から③を渾然一体として主張する場合があることである。前後の事情等からして、①、②、③のどれがメインか、焦点を絞って、弁護活動をしたほうがよいように思える。

（裁判官）

V-6-(1) 検察官の求刑心得

　刑罰の基本は応報であるから、求刑を決めるためには、被告人が行った犯罪行為にふさわしい刑がどの程度なのかを考えることになる。

　そこで、求刑を決めるにあたっては、まず、被告人が、当該事案において、どのような行為を行い、それによってどのような結果が生じたのかという行為責任が基本となることから、犯行態様の悪質性（行為の執拗性、残虐性、強烈さ、巧妙さ、凶器使用の有無等）、犯行の計画性を含む犯行に至る経緯・犯行動機の悪質性、結果の重大性、被害者や遺族の処罰感情等を分析して評価し、当該事案と同種の事案の量刑傾向を調査し、その中で当該事案がどの程度の重さの事案だと位置付けられるのかを考えて、おおよその求刑を決める。求刑を決めるにあたって同種事案の量刑傾向を調査することは、処罰の公平性を担保するうえで必要なことであるが、1つ1つの事件はそれぞれ異なり、まったく同じ事案というものはないのであるから、硬直的にならないよう留意しながら決めている。さらに、被告人の反省の有無やその程度、被告人の身上経歴や更生環境の有無等の一般情状も付加的に考慮したうえで、最終的な求刑を決めることになる。

（検察官）

V-6-(2) 弁護人の弁論心得

　弁論は、検察官の論告に対応するものである。1つ1つの内容に対応していく方法もあるし、一点集中主義で押すこともある。いずれにしても、被告人に有利な事情を、証拠に基づき、具体的かつ説得的に、述べることとなる。総花的な主張よりは強弱があったほうがよい。

　否認しながら、仮定的に情状を述べるのは望ましくない。

　なお、裁判官裁判であっても裁判員裁判であっても、求められる弁論は同じである。ただし、裁判員裁判においては、その場で見て聞いて、裁判員が理解できる内容・示し方のスキルが求められる。平易な語を用い、聞き取りやすい話し方、短い文章、理解しやすい構成、視覚資料の活用など、工夫が必要となる。

Ⅴ-6-(3) 刑の一部の執行猶予について

　刑の一部の執行猶予は、平成 28 年 6 月から施行された改正刑法（同法 27 条の 2〜27 条の 7）による制度である。薬物事犯については「薬物使用等の罪を犯した者に対する刑の一部の執行猶予に関する法律」に特に規定がある。

　刑の一部の執行猶予を求めるのは、まず前提として、改正前であれば全部実刑相当と考えられた事案のうち、3 年以下の懲役または禁錮刑宣告が予想される事案である。改正前に全部執行猶予相当と考えられた事案は、改正後も全部執行猶予を求めるべきである。

　刑の一部の執行猶予が認められるためには「犯情の軽重及び犯人の境遇その他の情状を考慮して、再び犯罪をすることを防ぐために必要であり、かつ、相当である」ことが必要である（刑 27 条の 2 第 1 項柱書）。さらに薬物事犯については「刑事施設における処遇に引き続き社会内において……規制薬物等に対する依存の改善に資する処遇を実施することが」再犯防止に必要かつ相当である必要がある（薬物一部猶予 3 条）。

　この要件に該当する犯罪の類型として圧倒的に多いのは薬物事犯であるが、その他、窃盗（クレプトマニア）や性犯罪、依存症による犯罪など、専門的治療により再犯防止を図ることが可能と考えられる事案は多くあり、刑の一部の執行猶予の活用が期待される。

　弁護人として、刑の一部の執行猶予を求める際には、公判において「必要性」および「相当性」の立証が必要となる。薬物事犯では、施設内処遇のあと、引き続き社会内で依存回復プログラムを受講できる更生保護施設の確保、その施設でのプログラム受講が再犯防止に有効であること、被告人にプログラム受講の意思があり更生意欲が高いことなどの立証が考えられる。

（裁判官）

裁判員裁判における論告弁論について、裁判官から一言

　立証責任を負う検察官の論告では、犯罪事実の認定に必要な事件全体の説明を行い、争点について検察官の意見を述べる。重要な量刑事情については、弁論で弁護人が述べるであろう意見を想定して、その点にも言及されることが多い。冒頭陳述と同じくA3見開きないしはA4用紙1枚程度の一覧性のある配布メモを利用して行われる。時間的には、自白事件や簡単な否認事件であれば10〜20分程度に収まることが多い。まれに、A3見開きの論告メモ数枚にわたる資料が配付されることがあるが、情報量が多く、一覧性にも優れていないため評議では使いにくい。

　これに対し、弁護人の弁論は、時間的に長いという印象である。裁判員の集中力と理解できる情報量を考慮すると40分が限界であり、検察官と同程度か、30分程度で収まることが望ましい。また、旧来型の弁論要旨を配布しても、裁判員が評議でそれを読み返すことはない。評議の場で、検察官の論告メモと並べて対比できるよう一覧性のある弁論メモを用意し、その場で見て聞いて理解できる内容の弁論を工夫することが求められる。

（裁判官）

V-6-(4) 量刑データの活用

　裁判員裁判対象事件については、最高裁判所量刑検索システムにより裁判例が集積され、評議において参照されるほか、検察官・弁護人もその量刑データを活用することができる。

　この量刑データの意義については「裁判においては、行為責任の原則を基礎としつつ、当該犯罪行為にふさわしいと考えられる刑が言い渡されることとなるが、裁判例が集積されることによって、犯罪類型ごとに一定の量刑傾向が示されることとなる。そうした先例の集積それ自体は直ちに法規範性を帯びるものではないが、量刑を決定するに当たって、その目安とされるという意義をもっている」とされている（最判平成26年7月24日刑集68-6-925）。

　そこで検察官・弁護人からは、論告弁論において、量刑データに触れながら当事者が考えるふさわしい刑についての意見が述べられることがある。

　弁護人の弁論では、多くの弁護人が、量刑グラフを示して、当該事件がどのような犯罪類型に属し、その量刑傾向の中でどの程度の重さに位置付けられるのかについて意見を述べ、弁護人の量刑意見を述べる。

　検察官の論告では、量刑グラフが示されることはほとんどないが、一定の検索条件を使って絞り込んだ量刑検索システムの結果を紹介し、求刑の根拠を説明する例は、以前より多くみられるようになっている。

VI 上訴、再審とは何か

　裁判の結果に不服がある場合に、上級の裁判所に不服を申し立てる手続が上訴である。現行法は、2段階の不服申立てを認めており、三審制を採っている。これは、前の裁判をご破算にして、最後の裁判で決着をつけるというものではなく、第一審、第二審、第三審にはそれぞれ異なる役割が与えられている。

　第一審では当事者主義が採られ、検察官と被告人の攻防に基づいて裁判所は有罪・無罪の判断を行うので、第一審裁判所の判断、とりわけ事実認定は尊重されなければならない。そうでなければ、一審は、上訴審の単なるリハーサルになってしまう。

　第一審の裁判が尊重されなければならないとしても、それが法の定めるルールに従ったものでなければ、その裁判は公正さが疑われ、裁判の結果を受け容れようとする意識は、被告人にも一般国民の間にも生まれない。そこで、上訴制度が設けられ、ルールに従っていない裁判を是正することが認められている。

　現行法は、控訴理由として真っ先に「法律に従って判決裁判所を構成しなかったこと」など、法が予定する裁判の前提を欠いている場合を挙げ、その場合には、その瑕疵が判決に影響を及ぼすと否とにかかわらず、控訴を認めている（377条、378条）。次に、それ以外の訴訟手続の法令違反、法令の適用の誤りを挙げ、その瑕疵については、判決に影響を及ぼす場合にのみ控訴理由としている（379条、380条）。その次に、量刑不当（381条）、事実誤認（382条）が続いている。事実誤認も現行法は控訴理由の最後に認めてはいるものの、控訴審では事実認定を一からやり直すのではなく、事実認定に論理則、経験則からして不合理な点がないかの審査が行われるにとどまる。

　上告審では、憲法違反、判例違反を中心に審査が行われ（405条）、法令違反、量刑不当、事実誤認については、「原判決を破棄しなければ著しく

VI　上訴、再審とは何か　199

正義に反する」場合にのみ、原判決を破棄することができる（411条）。

　刑事裁判は、犯罪という社会で生じた深刻なトラブルを解決するために行われるので、これには終わりがなければならず、判決は確定することが必要である。とはいえ、無辜を処罰することは著しく正義に反するので、現行法は一定の場合に再審を認め、新たな証拠が発見されたこと等により、合理的な疑いを差し挟まない程度の証明が維持できなくなっていないか等を中心に、再審の可否は判断されている（435条）。

（柳川重規）

VI-1 控訴審

　控訴審では、原則として、第一審の手続および判決内容を事後的に審査する。このような裁判所の役割を事後審査審（事後審）といい、刑事訴訟法の控訴審は事後審とされている（最判昭和 25 年 12 月 24 日刑集 4-12-2621 ほか）。

　近時、最高裁判所は、「刑訴法 382 条の事実誤認とは、第 1 審判決の事実認定が論理則、経験則等に照らして不合理であることをいうものと解するのが相当である。したがって、控訴審が第 1 審判決に事実誤認があるというためには、第 1 審判決の事実認定が論理則、経験則等に照らして不合理であることを具体的に示すことが必要であるというべきである」と判断しており（最判平成 24 年 2 月 13 日刑集 66-4-482 ほか）、控訴審の事後審としての役割を明確に述べている。

　したがって、控訴審においては、第一審の判決（これを「原判決」という）が当事者による攻撃防御の対象となり、控訴を申し立てた当事者は、原判決の判断内容が論理則や経験則に違反することを、第一審で取り調べられた事実および証拠をもとに、具体的に争う必要がある。

　なお、刑事訴訟法では、当事者の救済の観点から、第一審でやむを得ない理由により取り調べることのできなかった事実や証拠、第一審の開廷後に生じた新たな事実や証拠（第一審の弁論終結後になされた示談成立の事実など）を取調べの対象に加えて審理し、控訴審裁判所がこれらの新たな事実や証拠に基づいて原判決を破棄したうえで自ら判断する（これを「自判」という）ことができるが、これは、事後審としての控訴審の役割からは例外的な運用と考えられている。

VI-1-(1) 「控訴審における弁護活動において改善を要するもの」について

　控訴を申し立てた当事者が勝てるかどうかは、控訴趣意書がきちんと書けているかどうかで決まる。控訴趣意書がきちんと書けていると、裁判官は、「あ、これはちょっと危ないな」という見方になって、「必要な証拠調べをやろう」という方向に傾く。したがって、控訴をする当事者としては、まずは原審記録を丁寧に読んで、裁判官が必要な証拠調べをやろうと思えるよう、充実した内容の控訴趣意書を書くことに留意してほしい。

　近時、東京高裁が「控訴審における弁護活動において改善を要するもの」と題して、控訴審における弁護人の改善すべき活動について、東京高裁の各刑事部から出された意見を集約した（次頁参照）。これらは、高裁の裁判官の視点で改善を要すると考えたものであるが、弁護人としては、判断権者である高裁の裁判官からそうみえているということに留意して、活動すべきであろう。

　特に、これから勉強を進める皆さんに向けて申し上げるとすれば、将来、被告人の同席する法廷で法律的に成り立たない主張をすることのないよう、ひととおりの勉強をしてから事件に臨んでほしい。特に、法的に執行猶予を付することのできない事件で執行猶予を求める、被告人に最終陳述をさせようとする、証拠調べをしていないのに弁論をしようとするなど、控訴審の手続を無視した主張をすることは控えてほしい。

　そもそも、刑事事件は、第一審で多くの訴訟活動が終わっており、控訴審での活動には法律の定める限界がある。弁護人は、その限界の中で、できる限りのことをすべきことになるが、上で述べたような法的に成り立たないような主張がなされてしまうと、裁判所としては、その旨を弁護人に指導することとなる。被告人の前で、弁護人がこのようなレベルの指導をされてしまうと、弁護人に対する被告人の信頼感が揺らぐことも考えられるので、十分に気を付けてほしい。

（裁判官）

控訴審における弁護活動において改善を要するもの（骨子）

1　事後審である控訴審の手続に対する理解不足
（事実誤認関係）
・最高裁の判例を踏まえ、原判決の認定、判断が論理則、経験則等に照らして不合理なことを具体的に原審の証拠を踏まえて指摘すべきであるのに、その指摘がないもの
・事後審として原審記録を援用し、原判決の事実認定を指摘する弁護活動をすべきであるのに、続審であるかのように新たな証拠に依拠して事実誤認を主張するもの
・事実誤認を主張し、理由を示すことなく、原審で取調べ可能であった証拠や原審で取り調べた証人について事実取調請求するもの
・やむを得ない事由について、その主張のない事実取調請求やその解釈を誤った主張（原判決が予想外の結果であったなど）
・必要とされる訴訟記録や証拠の援用の不存在
（情状関係）
・原判決後の情状のみを記載した量刑不当の主張（複数あり）
・原判決後の情状を主張しているのに事実取調請求がないもの
（身柄関係）
・控訴審における権利保釈の不適用の看過等

2　原審記録の検討不十分
・記録検討不十分のまま作成したとうかがわれる趣意書
・真の争点を意識しない網羅的な主張
・原審弁論をなぞる趣意書、原判決の問題点を指摘しない主張
・原判決に記載のない原審論告要旨に記載された事実についての誤認の主張、違法収集証拠の主張を法令適用の誤りとして主張

3　被告人にとって有利とはいえない弁護側立証
・争いのある性犯罪事件で被害者参加がされている場合の被告人質問での謝罪
・性犯罪事件の損害賠償命令の履行をしたが、被害感情が全く和らいでいないのに、被害者が参加する法廷で被害感情が完全に慰藉されたと主張し、被害感情を逆なでするもの

4　原審国選弁護人が控訴審の弁護人を希望する場合の問題
・原審で選任されたという理由だけで控訴審の選任を希望する上申書を提出するものや、裁判所の再度の選任希望の意見を付していないのに選任され、結局は解任された事例

5　書面の不提出
・弁論を行ったが、口頭主義を徹底するとして書面を全く提出しない例

以上

VI-1-(2) 控訴趣意書に対する答弁書

　控訴趣意書が提出された場合、相手方となる当事者（被告人・弁護人控訴の場合には検察官、検察官控訴の場合には弁護人）は、控訴趣意書の記載に対する反論を記載した書面を提出することができる。

　検察官が控訴した場合、弁護人は検察官の控訴趣意書の内容を丁寧に検討したうえで、答弁書を自発的に提出することが望ましく、現実に、多くの事件では答弁書が提出されているようである。

　これに対し、被告人・弁護人による控訴の場合、単なる量刑不当やあまり複雑でない事実誤認の事件では、検察官は口頭で答弁をすることが多い。ただ、量刑不当でも一定程度大きな事件である場合や事実誤認の主張が複雑な事件である場合には、裁判所としても、検察官の意見を聞かないと判断ができないことがある。検察官が自発的に答弁書を出してくることもあるが、出してこない場合には、裁判所のほうから検察官に対して書いてほしいと求める場合もある。その他、民事事件の経験が長い高裁の裁判官が担当する場合では、検察官の意見も聞いておいたほうがいいとなることもあり、そのような場合に答弁書を求めることもある。いずれにしても、高裁が判断するときに、検察官から意見を聞いておいたほうが判断しやすいという趣旨で出させる場合であるので、検察官が答弁書を作成したから、裁判所が被告人や弁護人に有利な結論を考えているわけではないことに留意してほしい。

（裁判官）

VI-2 上告審

　上告審は、憲法違反、憲法の解釈の誤り、判例違反があることを理由に
なされる不服申立制度である（405条）。現実には、前記理由が見当たらず、
職権破棄事由（411条）を記載するだけのものもある。
　上告が認められるか否かは別として、上告理由を作成する際には、改め
て、憲法を読み返したい。

VI-2-(1) 上告事件の記録の検討

　基本的に公判はなく、第一審および原審の記録と上告趣意書を書類審査する。書類審査は、まず調査官が行い、裁判官がその後審査する。

　上告審は、原則として公判がない点で、控訴審と異なる。上告審では、すべて書類審査となるため、上告趣意書が最も重要なよりどころとなり、実際にも、上告趣意書の審査が最も重要な検討事項である。

（裁判官）

VI-2-(2) 上告趣意書の作成の留意点

　弁護人としては、上告趣意書をきちんと作成することが、控訴審以上に重要である。控訴審同様、提出期限を厳守すべきことも大切である。

　多くの上告事件は、上告事由がたくさんあるものではなく、最高裁が職権で判断することも年に数件しかないので、弁護人の仕事としてはそんなに楽しい作業ではないかもしれないが、上告趣意書が審査のよりどころであるので、しっかりと作成してほしい。

　なお、上告事件では、適法な上告理由がみつからない事件も多く、弁護人として上告趣意書の作成に苦労することも多いのではないかと思う。だからといって、むりやり憲法違反に結びつけて書いたり、事実認定は間違っているから適切とはいえないと単に力説するだけの趣意書では裁判官の心を打たない。上告審に職権で判断してほしいであろうと思われる事件が多く、憲法違反や事実誤認の主張をむりやり書いても、職権で判断してくれという肝心の部分が弱くなってしまうからである。そのような記述があると、職権での判断を求める最も大切な記述にいく前に、裁判官も調査官も疲れてしまい、集中してもらえなくなるリスクがある。

　個人的には、「適法な上告理由は一生懸命に探したけれども、見当たらなかった。しかし、こういう重大な事実誤認が明らかであるから、職権で破棄されたい」というような記述で十分ではないかと思う。そのほうが、裁判所は事実誤認を素直にみることができるし、職権で破棄せよと書いてあれば、最高裁は必ず審査するので、職権破棄や職権判断の可能性もある。形式ではなく、実質的なところで勝負していくのが大切ではないかと思う。

（裁判官）

ONE POINT ADVICE 29

困ったときは先輩に質問しよう

　裁判所や検察庁では、周りに、優秀で、経験豊富な先輩がいるから、困ったときには、すぐ質問できるであろう。もし、質問しにくいということがあれば、日頃の人間関係の形成に留意したほうがよい。

　弁護士の場合、誰に質問をすればいいか、わからないこともあろう。とりあえず、刑事弁護教官が思い浮かぶが、真面目に、講義を聴いていなかったりすると、聞きづらいかもしれない。よくあるパターンは、「同期に聞く」であるが、これはお勧めしない。お互いよくわからずに、最もまずい結論に到達することが多い。概ね、傷を舐め合って、意味もなく、明日から頑張ろうということになる。もし、聞く人がいないという人は、やはり、日頃からの人間関係の形成に留意すべきである。なお、弁護士は守秘義務を負っているので、聞き方にも注意してほしい。間違っても、インターネット上で公開質問などしないように。

あとがきに代えて──喉元過ぎれば熱さ忘れる

　本書は、主に、法律実務家向けの刑事訴訟法入門である。もちろん、学部生や法科大学院生も実務の一端に触れるという意味で目を通してもらいたい。

　さて、司法試験に合格した人に、いまさら、入門書など要らないのではないか、という疑問もありうるが、それは間違いである。司法試験で試されているのは、法律実務家になるための必要な学識とその応用能力であるが、それらは、現実の事件処理にあたって、最低限必要とされるものにすぎず、すべてではない。

　しかも、「司法試験採点実感」（法務省・司法試験委員会）の「答案の評価」にみられるように、「優秀の水準」にあると認められる答案は、わずかであり、大半は、「良好の水準」にあると認められる答案や「一応の水準」、に達していると認められる答案である。中には、「不良の水準」にとどまると認められる答案もあるのである。「優秀の水準」にあるもの以外は、すべて、刑事訴訟法の理解、解釈適用に不十分である、という実態がある。

　司法試験に合格し、二回試験に合格してしまうと、すべて、クリアしたと思いがちであるが、残念ながら、不十分な状態が完全に解消されているとは考えにくいように思われる。

　そこで、復習の意味も兼ねて、刑事訴訟法を俯瞰するとともに、実務でのポイントを概説する試みが本書である。したがって、いわゆる概説書のようにすべてを網羅はしていない。また、理論的問題や理念に関わる部分は大幅に割愛している。

　新たな試みであるので、ご叱責は承知のうえであるが、法律実務家のさらなるレベルアップにいささかなりとも寄与できれば幸いである。

編著者

【監修者】
椎橋隆幸　（しいばしたかゆき）　中央大学名誉教授・弁護士

【編著者】
寺本吉男　（てらもとよしお）　弁護士（寺本法律会計事務所）
大野勝則　（おおのかつのり）　裁判官（東京地方裁判所所長代行）
山上秀明　（やまがみひであき）　検察官（東京地方検察庁次席検事）

実務家に必要な刑事訴訟法─入門編─

2018（平成30）年 7 月30日　初版 1 刷発行

監修者　椎橋　隆幸
編著者　寺本吉男・大野勝則・山上秀明
発行者　鯉渕　友南
発行所　株式　弘文堂　　101-0062 東京都千代田区神田駿河台 1 の 7
　　　　会社　　　　　　TEL 03（3294）4801　振 替 00120-6-53909
　　　　　　　　　　　　http://www.koubundou.co.jp

装　丁　笠井亞子
印　刷　三陽社
製　本　井上製本所

© 2018 Takayuki Shiibashi, Yoshio Teramoto, Katsunori Ono &
　　　Hideaki Yamagami. Printed in Japan
JCOPY 〈（社）出版者著作権管理機構　委託出版物〉
本書の無断複写は著作権法上での例外を除き禁じられています。複写される場合は、その
つど事前に、（社）出版者著作権管理機構（電話 03-3513-6969、FAX 03-3513-6979、
e-mail：info@jcopy.or.jp）の許諾を得てください。
また本書を代行業者等の第三者に依頼してスキャンやデジタル化することは、たとえ
個人や家庭内での利用であっても一切認められておりません。

ISBN 978-4-335-35759-6

条解 刑事訴訟法 [第4版増補版]

松尾浩也=監修

初版刊行より25年のロングセラー。平成28年改正の全条文と解説を巻末に増補。1冊で刑事訴訟法全体を見渡せ、かつ関連刑訴規則や裁判員法条文等も盛り込んだコンメンタールの決定版。19000円

刑事訴訟法 [第7版]　田口守一=著

取調べの可視化、被疑者国選弁護制度をはじめとした平成28年改正の解説および重要判例、学説の動向を盛り込んだ基本書の決定版。刑事事件の個性に応じた刑事司法システムの構築をめざす。3700円

最新重要判例250刑事訴訟法

田口守一=著

単独著者が一貫した視点から251の重要判例を選び、1頁に1判例で判例の位置づけと中心的論点に絞ってコンパクトに解説。関連した判例を同時に学ぶことで、より深い理解が得られる判例集。3000円

刑事訴訟法判例ノート [第2版]

前田雅英・星周一郎=著

最新の重要判例につき、それらの有する客観的な意義を、一貫した視点でコンパクトに解説。講義の理解を深め、試験に必要な情報を提供。あらゆる読者のニーズに応える最強の判例学習書。2800円

刑事訴訟実務の基礎 [第3版]

前田雅英=編

最新の刑事裁判の流れにそって、刑事訴訟実務に必要な知識が修得できる。事件記録を収めた「記録篇」と、事実と理論を架橋したわかりやすい記述の「解説篇」の2冊組。予備試験対策にも最適。3400円

公判前整理手続の実務

山崎　学=著

刑事裁判を劇的に変えた公判前整理手続の全体像を、刑事裁判官として、その運用に深く関わった著者が経験と判例分析をふまえ詳説。運用の改善と安定化を図ることをめざした実務家必読の書。4700円

＊定価（税別）は、2018年7月現在